아이가 주인공인 책

아이는 스스로 생각하고 매일 성장합니다.
부모가 아이를 존중하고 그 가능성을 믿을 때
새로운 문제들을 스스로 해결해 나갈 수 있습니다.

〈기적의 학습서〉는 아이가 주인공인 책입니다.
탄탄한 실력을 만드는 체계적인 학습법으로
아이의 공부 자신감을 높여 줍니다.

아이의 가능성과 꿈을 응원해 주세요.
아이가 주인공인 분위기를 만들어 주고,
작은 노력과 땀방울에 큰 박수를 보내 주세요.
〈기적의 학습서〉가 자녀 교육에 힘이 되겠습니다.

1950년 9월 15일 국군과 국제 연합군은
인천상륙작전 에 성공하여 서울을 되찾은
후 압록강 지역까지 진격하였으나 1951년 1월
5일 중국군 이/가 참전하여 다시 서울
이 함락되었어요. 38도선 부근에서 중국군과
서로 밀고 밀리는 전투를 계속했어요.

1953년 7월 27일 휴전선의 위치가 결정되고 포
로 문제가 해결되면서 정전협정 이/
가 체결되었고, 총소리가 멈추었어요.

② 그렇게 생각하는 까닭
당나라가 또 배신을할수있기때둔에
그래서고구려랑할 것이다.

② 이 작전이 전쟁에 미친 영향은 무엇일까요?
인천상륙 작전으로 원래의 남한 땅과
압록강 쪽 까지 남한의 땅을 먹었다.

난이도가 낮아서 모든 아이들이 쉽게 할 수 있을 것 같습니다
재이 뿐만아니라 공부에도 도움이 될것같습니다.

나는   무열왕 이 원했던 삼국통일
을 일었다. 그래기쁘고 뿌듯하다.

①
세금을 줄여줬다

②
42의 공사가
줄었다

③
농사를 지을수
있다

① 궁예는 백성을 대하는
태도가 좋지않았다
자신의 뜻대로 되지 않으면
사형을 시켰다. 또 왕건을
키우는 것만을 중시 한다.

② 왕건은 백성을 위하고,
자산을 나눌 줄 안다
세금을 내리고, 나라의
공사를 줄여 백성들을 편하게
해주었다

우리나라의역사를 잘알려줍니다.

① 신라의 삼국 통일에 몇 점을 줄 것인가요? ((100점 만점에) 80)점
② 그 까닭은 무엇인가요?
80점을 준 이유는 당과 동맹을 맺어 삼국통
일을 한 것 때문이고 나머지 20점을 주지
않은 이유는 백제와 군사의 수 차이가 많이
났지만 백제에게 4번이나 졌기 때문이다.

우리나라 끼리 싸우는 것기 때문에
슬프다

난이도가 낮아서
누구든 할수 있을것같다

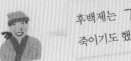
후백제는 견훤 이/가 세웠제. 이 사람은 신라에 침략해 왕을
죽이기도 했지.

후고구려는 궁예 이/가 세운 나라야. 고려를 세운 왕건도 한때
이 사람의 신하였어.

이런걸 ㅎ니보니
모르는것을 알게 되었다.

아주 재있음 굿 👍

학교에서는 역사를 복잡하게 배웠는데,
기적의 역사 논술은 간단하고 잘 이해되게 설명이 되어
있어서
글을 읽는데
어려움이
없었다.

[기적의 역사 논술] 샘플을 먼저 경험한 친구들

김민제(초5)	홍도경(초5)	이다현(초5)
이유나(초5)	강태웅(초5)	박홍주(초5)
조인서(초5)	홍석진(초5)	김도현(초6)
홍예성(초6)	강성윤(초6)	김태건(초6)
윤하준(초6)	이성우(초6)	홍태강(중1)

"
고맙습니다.
우리 친구들 덕분에 이 책을 잘 만들 수 있었습니다.
"

를 좋아하가 고려 의

학교, 집, 공공시설등등 전쟁 보다 나은
이 파괴되어 일상 평화
생활로 빨리 돌아올수
없었다

재미있는데 공부도 되니까 좋았다 ❷

❶
백제의 5천 군사여. 저번에도 오나라와
싸워 이겼으니 이번에도
열심히 싸우자!

신라의 5만 군사여. 당과 동맹을
맺었으니 백제를 무너뜨리자!

안녕? 난 **뚱**이라고 해. 2020살이야.

디자이너 비따쌤이 만들었는데, 길벗쌤이 날 딱 보더니 엉뚱한 생각을 많이 할 거 같다고

'뚱'이란 이름을 지어 줬어. (뚱뚱해서 지은 거 아니야! 화났뚱)

〈기적의 독서 논술〉에 처음 나왔었는데. 혹시 날 알까?

〈기적의 역사 논술〉에 내가 빠지면 섭섭하잖아? (나만... 그런가?) 여기서는 주로 탐험뚱, 읽는뚱, 쓰는뚱, 생각뚱,

탐구뚱, 박사뚱, 말뚱, 놀뚱, 쉴뚱, 갓뚱!의 모습으로 나와. (💩 뚱 아니야! 잘 봐~)

너희들 읽기도 쓰기도 하는 둥 마는 둥 할까 봐 내가 아주 걱정이 많아. 그래서 살짝뚱 도와줄 거야.

같이 해 보자고!! 뚱뚱~~

왕건, 후삼국을 세우고
고려를 세웠다며?

고려가 코레아로 불리고,
오늘날의 Korea가 탄생!

줄줄이 한국사 연표

2권 고려

왕건이 송악에 도읍을
정하고 고려를 건국했어.

918
고려 건국

901
후고구려 건국

900
후백제 건국

서희는 뛰어난
외교 실력으로 강동 6주
땅까지 얻어 냈지.

993
**거란 1차 침입,
서희의 외교 담판**

1010
**거란 2차 침입
(~1011)**

1018
**거란 3차 침입
(~1019)**

외적의 침입을 막기 위해
북쪽 국경에 성을 쌓았어.

26
겸의 난

1107
윤관, 여진 정벌

1033
**천리장성
축조(~1044)**

1019
**강감찬의
귀주 대첩**

1231
몽골의 1차 침입

1232
**몽골의 2차 침입,
강화도 천도**

팔만대장경 완성

1251

공민왕은 즉위하자마자
원나라를 배척하는
반원 개혁 정치를 펼쳤어.

1351
공민왕 즉위

1270
**개경 환도,
삼별초 항쟁
(~1273)**

삼별초는 탐라로 들어가
계속 싸웠지만 얼마
버티지 못했어.

울에 추위에 떨며
성들을 생각했고,
씨를 몰래 들여왔지!

남북국 시대 ● 고려 시대

936
후백제 멸망,
고려 후삼국 통일

935
견훤 귀순,
신라 경순왕 항복

926
발해 멸망

956
노비안검법 실시

958
과거제 실시

> 집안 배경이 아닌
> 실력으로 나라의
> 관리를 뽑았어.

> 묘청은 도읍을
> 서경(평양)으로 옮기자고
> 주장했어.

1145
김부식, 『삼국사기』 편찬

1135
묘청,
서경 천도 운동

이자

> 문신에 비해 차별을 받던
> 무신들이 결국 폭발하여
> 고려의 권력을 잡았어.

1170 무신정변

> 무신들 간의 권력 다툼 끝에
> 최충헌이 권력을 잡았어.

1196
최충헌 집권

1198
만적의 봉기

1392
고려 멸망

1366
전민변정도감 설치

1364
문익점, 원나라에서
목화씨 들여옴.

> 문익점은 기
> 고생하는 백
> 원나라에서 목

> 신돈은 전민변정도감을
> 설치하고 개혁을 추진했어.

한국사 맥락 읽기로 **초등 논술**을 완성한다

기 적 의
역사 논술

길벗스쿨

기적의 역사논술 ②권

초판 1쇄 발행 2020년 7월 17일
초판 10쇄 발행 2023년 11월 11일

지은이 이정은
발행인 이종원
발행처 길벗스쿨
출판사 등록일 2006년 6월 16일
주소 서울시 마포구 월드컵로 10길 56(서교동 467-9)
대표 전화 02)332-0931 | **팩스** 02)323-0586
홈페이지 www.gilbutschool.co.kr | **이메일** gilbut@gilbut.co.kr

기획 신경아(skalion@gilbut.co.kr) | **책임 편집 및 진행** 최새롬, 서지혜, 김량희
제작 이준호, 손일순, 이진혁, 김우식 | **영업마케팅** 문세연, 박선경, 박다슬 | **웹마케팅** 박달님, 권은나, 이재윤
영업관리 김명자, 정경화 | **독자지원** 윤정아, 전희수

디자인 디자인비따 | **일러스트** 신혜진, 유재영 | **전산편집** 린기획
CTP출력 및 인쇄 벽호인쇄 | **제본** 벽호인쇄

ISBN 979-11-6406-578-3 63910
(길벗스쿨 도서번호 10909)
정가 13,000원

독자의 1초를 아껴주는 정성 길벗출판사

길벗스쿨 | 국어학습서, 수학학습서, 유아학습서, 어학학습서, 어린이교양서, 교과서
길벗 | IT실용서, IT/일반 수험서, IT전문서, 경제실용서, 취미실용서, 건강실용서, 자녀교육서
더퀘스트 | 인문교양서, 비즈니스서
길벗이지톡 | 어학단행본, 어학수험서

기원전(BC), 기원후(AD)는 역사의 기준점이 되는 시대 구분 표시인데요.
2020년을 기점으로 BC와 AC의 개념이 달라졌다고 해요.
Before Corona | After Corona

지금 우리는 새로운 역사의 기점에서 또 다른 역사를 만들고 있습니다.
버티고, 이기면서 대한민국의 미래를 만들어 갈 여러분들을 응원합니다!

역사를 잃은 민족에게 미래는 없다!
역사를 아는 아이의 미래는 밝다!

어렸을 때 MBC에서 방영했던 〈조선 왕조 500년〉이라는 드라마를 열혈 시청했다. 한번 역사 드라마에 푹 빠져들다 보니, 줄줄이 이어지는 역사 드라마를 보지 않고는 배기지 못했고, 관련 책도 찾아 읽게 되었다. 학교에서 배우는 역사도 흥미진진했다. 내가 아는 인물과 사건이 교과서 여기저기에서 튀어나오니 재미있을 수밖에 없었다. 덕분에 나의 역사에 대한 애정은 시간이 갈수록 높아졌고, 더 많은 것이 알고 싶어 한국사, 세계사 관련 책을 열심히 찾아 읽게 되었다.

그런데 아이들에게 역사가 좋으냐고 물으면, 대부분 얼굴을 찡그린다. 케케묵은, 나와는 상관도 없는 옛날 옛적의 이야기를 왜 알아야 하느냐고 따지는 듯하다. 또, 외울 건 어찌나 많은지 공부도 하기 전에 질린다는 표정이다. 상황이 이러니, 역사를 공부하면 뭐가 좋은지 얘기하는 건 공허한 잔소리가 될지도 모르겠다. 그래서 전략을 바꾸기로 했다. 역사에 흥미를 느낄 수 있는 방법을 찾아 〈기적의 역사 논술〉에 적용하기로 한 것이다. 〈기적의 역사 논술〉은 다음의 3가지를 기본 줄기로 삼았다.

첫째, 역사는 이야기로 만나야 한다.

역사는 외울 게 산더미 같이 많은 지겹고 따분한 암기 과목이 아니라, 나와 다르지 않은 사람이 자신이 태어난 시대를 열심히 살았던 이야기이다. 〈기적의 역사 논술〉을 통해 타임머신을 타고 역사 속으로 들어가 사람들을 만난다면, 그들이 만나고 겪은 사람과 사건들이 오래오래 머리와 마음에 남을 것이다.

둘째, 역사는 시간 순서대로 만나야 한다.

역사 속 사건들을 단편적으로 공부한다면, 머릿속에서 파편처럼 돌아다니다가 금세 사라져 버릴 것이다. 역사 속 사건들은 꼬리에 꼬리를 물고 이어진다. 〈기적의 역사 논술〉은 선사부터 현대까지의 역사를 시간 순서대로 엮었다. 역사를 시간 순서대로 공부한다면, 과거의 사건이 현재와 미래에 강력한 영향력을 발휘한다는 것을 깨닫게 될 것이다. 더불어 현재를 살고 있는 우리가 미래를 준비할 때 필요한 지혜도 덤으로 얻게 될 것이다.

<u>셋째, 역사는 인물 중심으로 만나야 한다.</u>

역사 속 모든 사건은 인물들이 중심이 되어 이끌어 간다. 수많은 역사 속 인물들이 자신에게 주어진 과제를 해결하기 위해, 혹은 자신에게 닥친 고난을 극복하기 위해 고민하고, 선택하고, 행동했다. 〈기적의 역사 논술〉은 자신의 시대를 치열하게 살아간, 때로는 넘어지고, 때로는 큰 업적을 만들어 낸 사람들의 이야기를 담았다. 그들의 고민과 선택과 행동이 역사의 줄기를 어떤 방향으로 이끌었는지 살펴본다면, 나의 미래를 바른 방향으로 이끄는 데 톡톡히 큰 도움을 줄 것이다.

역사를 공부해야 하는 이유를 교육 과정에서 한국사의 비중이 높아졌고, 수능 시험에서 한국사가 필수 과목이 되었으며, 모든 공무원 시험에서 한국사가 필수가 되었다는 것에서 찾는다면, 좀 아쉽고 서글플 것 같다. 역사는 그보다 훨씬 재미있고, 더 높은 가치를 갖고 있기 때문이다.

역사는 수많은 사람들이 자신들의 시대를 열심히 산 결과물이다. 역사 속 인물들의 삶을 따라가면서 그들과 함께 고민하고 선택하고 행동한다면, 시대를 이해하는 힘과 공감하는 능력이 생길 것이다. 또한, 역사 속에서 오늘과 내일을 살아갈 지혜를 얻게 될 것이다. 과거의 일들이 현재에 영향을 미치듯이, 오늘 우리가 어떤 모습으로, 어떤 선택들을 하며 살아가느냐에 따라 미래가 결정될 것이기 때문이다.

이 책을 만난 친구들이 그 누구보다 멋진 미래 인재로 자라나기를 바란다.

2020년 뜨거운 여름, 저자 일동

〈기적의 역사 논술〉은 매주 한 편씩 한국사 스토리를 통해 역사적 맥락을 이해하고, 그 의미를 파악하며 생각을 써 보는, 초등 고학년을 위한 통합 사고력 프로그램입니다.

달달 외우거나 한 번 보고 끝나는 단편적인 공부가 아니라 스토리로 재미있게, 논술로 의미있게 맥락을 따라가 보세요. 대한민국의 과거를 통해 현재를 생각하고, 미래를 만들어가는 깊이 있는 공부가 될 것입니다.

1 역사 논술 시대별 구성 (전 5권)

| 선사~남북국 | 고려 | 조선 1 | 조선 2~대한 제국 | 일제 강점기~현대 |

2 외우지 않아도 맥락이 잡히는 한국사 스토리

한국사를 공부할 때 반드시 등장하는 주요 인물, 사건, 문화유산 등 초등학생이라면 알아야 하는 40가지 스토리를 담았습니다. 시간의 흐름대로 역사는 어떻게 시작되었고, 어떻게 흘러왔으며, 어떻게 흘러가고 있는지 알 수 있습니다. 옛날 이야기 읽듯, 동화 한 편을 보듯 천천히 곱씹으며 읽어 보세요. 흐름을 따라가다 보면 그 시대의 맥락을 이해하는 데 도움이 됩니다.

3 역사 공부의 이해를 돕는 키워드 & 그림 & 사진 자료

한국사는 용어가 핵심입니다. 이 책에서는 키워드를 중심으로 한자 풀이도 함께 제시하여 그 의미를 한 번 더 짚어 보도록 하였습니다. 또한 스토리의 이해를 돕는 그림과 사진 자료는 한국사를 조금 더 쉽게 공부할 수 있도록 해 줍니다.

4 통합 사고력, 문제 해결력, 의사 결정력을 키우는 **탐구형 논술**

이 교재에서 추구하는 논술은 통합 사고력을 키우는 것입니다. 사실에 기반한 역사 스토리를 통해 사건의 전후 관계를 파악하고 이해한 바를 표현해 보는 것이 주된 목표입니다. 읽고, 생각하고, 써 보는 과정에서 논리가 생기고, 비판적인 눈으로 인물과 사건을 바라보는 능력이 자랍니다. 사건 속에 들어가서 그때 그 인물은 왜 그런 선택을 했는지, 나라면 어떻게 했을지 생각해 보고, 그 생각을 표현할 때 문제 해결력을 키우고, 의사 결정력을 갖추게 됩니다.

5 교과 연계 핵심 커리큘럼

권	주	기적의 역사 논술 전체 커리큘럼	교과 연계 핵심 내용 (3-2 / 5-2 / 6-1 사회)
1권 선사~남북국	1	선사 시대 사람들은 어떻게 살았을까?	역사의 의미
	2	한반도 최초의 나라, 고조선	선사 시대와 고조선의 등장
	3	고구려의 왕자, 백제를 건국하다	여러 나라의 성장
	4	대제국을 건설한 고구려	고대 국가의 등장과 발전(삼국의 발전)
	5	역사 속으로 사라진 철의 나라, 가야	삼국의 성장과 통일
	6	김유신, 삼국 통일의 주역	통일신라
	7	불국사와 석굴암	불국사와 석굴암
	8	발해, 고구려를 계승하다!	발해
2권 고려	1	왕건, 후삼국을 통일하다	고려 문벌 귀족 사회의 형성과 변화
	2	광종, 강력한 힘을 가진 왕	독창적 문화를 발전시킨 고려
	3	서희, 말로 거란의 칼을 이기다	
	4	푸른 하늘과 바다를 품은 고려청자	고려청자
	5	무신들의 세상이 오다	무신 집권기
	6	고려, 몽골의 자존심을 꺾다	몽골의 간섭
	7	팔만대장경으로 나라를 지키다	금속 활자와 그 의의, 팔만대장경
	8	공민왕, 고려의 부활을 꿈꾸다	몽골의 간섭
3권 조선 1	1	이성계, 조선을 건국하다	이성계 조선의 건국
	2	한양으로 도읍을 옮기다	유교 문화의 성숙
	3	조선의 과학을 꽃피운 세종	민족 문화를 지켜나간 조선
	4	훈민정음의 탄생	세종, 훈민정음
	5	임진왜란이 일어나다	임진왜란
	6	병자호란, 누구의 책임인가	병자호란
	7	수원 화성, 정조의 꿈을 품다	영·정조의 개혁 정치
	8	서민들이 문화를 즐기다	서민 문화의 발달
4권 조선 2~대한 제국	1	흥선 대원군, 개혁을 추진하다	흥선 대원군의 개혁 정치
	2	일본과 맺은 불평등한 강화도 조약	강화도 조약과 조선의 개항
	3	3일 천하로 끝난 갑신정변	개화파 중심의 근대 개혁
	4	동학 농민군이 바란 세상	새로운 사회를 향한 움직임(동학 농민 운동)
	5	일본, 명성 황후를 시해하다	을미사변
	6	독립신문, 한 장에 한 푼이오!	자주 독립을 위한 노력
	7	을사5적, 일제에 나라를 팔아먹다	일본에 외교권을 빼앗긴 대한 제국
	8	나라를 지키려는 백성들의 피, 땀, 눈물	나라를 지키기 위한 노력(의거 활동)
5권 일제 강점기~현대	1	나라를 빼앗기다	일제의 식민 통치
	2	3·1 운동, 대한 독립 만세!	나라를 되찾기 위한 노력
	3	봉오동 전투와 청산리 대첩	
	4	나라를 되찾기 위해 싸우다	독립운동가의 활동
	5	8·15 광복을 맞이하다	8·15 광복
	6	민족의 아픔, 6·25 전쟁	6·25 전쟁
	7	4·19 혁명이 일어나다	자유 민주주의 시련과 발전
	8	자유 민주주의가 발전하다	

고학년을 위한 역사 논술

사회 교과서에서 배우게 되는 한국사를 이 책에서는 스토리(이야기) 중심으로 풀었습니다. 시대 순으로 배열되어 있는 이야기 한 편을 꼼꼼하게 읽어 보세요. 키워드로 제시되는 주요 인물의 이름, 사건명, 지명, 문화유산 등을 한번 더 짚고 넘어간다면 전체적인 맥락을 파악하는 데 도움이 될 것입니다. 스토리에서 다룬 핵심 내용과 용어를 정리하는 퀴즈, 시대를 연결하고 해석해 볼 수 있는 탐구형 논술 문제도 도전해 보세요. 여러분이 그 시대의 주인공이라면 어떻게 판단했을지 생각하면서 부모님과 함께 대화해 보는 시간을 가져도 좋겠습니다.

🌸 학습 계획 세우기

한 주에 한 편씩, 천천히 읽고 공부하도록 주제별 2일차 학습 설계를 제안합니다. **1일차**에는 역사 스토리를 읽고, **2일차**에는 논술을 해 봅시다. 11쪽 차례를 보면서 학습 계획을 세우고, 스스로 점검해 보기 바랍니다.

🌸 학습 순서

이때는 말이야 [주제별 연표]

한 권에 시대별 주요 사건을 중심으로 8가지 주제를 담았습니다. 사회 교과서 어느 부분에 있는 내용인지 확인해 보고, 주제를 담고 있는 그림도 살펴보세요. 각 장의 주제를 중심으로 앞뒤에 어떤 일들이 있었는지 연표를 통해 확인하고 어떤 이야기가 전개될지 예상해 봅니다.

1 step 스토리 읽는 중

Hi-story [역사 이야기]

초등학생이라면 꼭 기억해 두어야 할 한국사 속 인물, 사건, 문화유산 등을 다양한 방식의 이야기로 제시합니다.

좌우에 제시한 키워드와 용어 설명은 역사적 맥락 읽기의 열쇠입니다. 글을 읽으면서 한번 더 꼼꼼하게 짚어 봅시다.

Plus history [역사 더하기]

이 코너에서는 스토리에 다 담지 못했던 역사 내용을 자료나 이미지 등을 활용하여 한 발짝 더 들어가 봅니다.

2 step 스토리 읽은 후

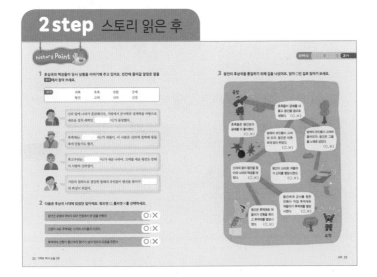

history Point [역사 포인트]

이야기의 핵심이 되는 내용과 용어를 퀴즈를 통해 확인합니다. 막힘없이 퀴즈를 풀었다면 앞의 이야기를 잘 읽고 이해했다는 증거입니다.
문제마다 바로바로 답이 나오지 않았다면 Hi-story로 가서 한 번 더 읽고 오세요.

3 step 스토리 읽은 후

Talk history [역사 토론 논술]

앞서 읽었던 이야기를 떠올려 보고, 탐구형 논술 문제에 답하면서 역사를 해석하고 비판해 보는 시간을 가져 봅시다. 역사는 어떻게 전개되었으며, 우리가 어렴풋이 알고 있던 인물과 사건의 의미, 자랑스러운 문화유산의 가치, 새로운 사회를 향한 움직임, 전쟁의 고통, 광복의 기쁨 등을 주제로 한 이야기를 통해 우리가 한번쯤 생각해 봐야 할 문제들을 논리적으로 풀어 쓰는 연습을 할 수 있습니다.

쉬어가기

미로 찾기, 틀린 그림 찾기, 숨은 그림 찾기 등 재미있는 게임을 통해 그동안 쌓인 역사 지식을 뽐내 보세요.

부록 줄줄이 한국사 연표 [권별로 1장씩 들어 있어요]

연표는 역사를 시간 순서대로 기억하는 데 도움이 됩니다. 이 책에서는 한국사의 흐름을 한눈에 볼 수 있는 연표를 시대별로 1장씩 제공합니다.
각 권의 시대별 연표를 줄줄이 이으면, 내 키만한 한국사 연표가 완성됩니다.

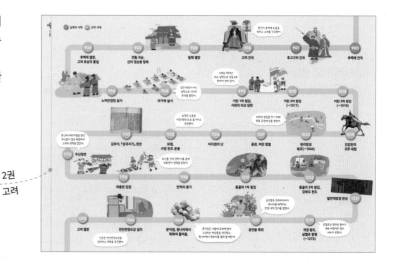

	공부한 날짜	
	Hi-story Plus history	history Point Talk history

1 왕건, 후삼국을 통일하다

 이때는 말이야~

5-2 1. 옛사람들의 삶과 문화
② 독창적 문화를 발전시킨 고려

여기도 건국,
저기도 건국. 나라가 왜
이렇게 많이 세워지지?

왕건은 고구려를
계승한다는 의미로
나라 이름을 고려라고
정했어.

견훤,
후백제 건국

900

901
궁예,
후고구려 건국

왕건,
고려 건국

918

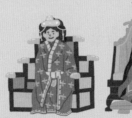

926
발해 멸망

나, 왕건이
후삼국 시대 최후의
승자가 되었지!

왕건은 발해를 멸망
시킨 거란과 사이가
좋지 않았어.

고려
후삼국 통일

고창 전투

930

936

935
견훤 귀순,
신라 경순왕 항복

942
거란의 외교
요청 거부

나, 견훤이
항복하겠소.

잘 오셨습니다.

🔑 키워드

호족

豪 호걸 **호**

族 무리 **족**

신라 말부터 고려 초, 지방에 살면서 군사력과 경제력을 바탕으로 성장한 세력을 말한다. 이들은 고을 주변에 성을 쌓고, 군대를 길러 스스로 자신들의 지역을 보호했다.

견훤: 신라의 군인 출신으로, 후백제를 세운 인물이다.

궁예: 후고구려를 세운 인물로, 왕건이 한때 궁예의 부하로 있었다.

연합: 둘 이상의 사람이나 집단이 합하여 하나의 단체 등을 만드는 것을 말한다.

안녕! 나는 고려를 세우고, 후삼국을 통일한 **왕건**이야. 내가 워낙 유명해서 나를 모르는 친구들은 없겠지만, 내가 어떤 과정을 거쳐 후삼국을 통일했는지 알고 있는 친구는 많지 않을 거야. 오늘 이 왕건님이 직접 이야기해 줄 테니, 잘 들어 봐.

내가 어렸을 때, 신라의 분위기는 정말 혼란했어. 귀족들은 서로 왕이 되겠다고 왕위 다툼을 벌였고, 사치와 농민 수탈을 일삼았지. 백성들은 높은 세금 때문에 굶주림에 허덕였어. 살기가 힘들어진 백성들은 곳곳에서 봉기했고, 어떤 사람들은 산으로 숨어들어 도적이 되었어. 이런 혼란을 틈타 지방에서 새로운 정치 세력인 **호족**들이 등장했어. 이들이 힘 없는 백성들을 보살피겠다고 나서자 많은 백성들이 막강한 힘을 지닌 호족들 밑으로 모여들었지.

당시 전국에 유명한 호족이 많았는데, 그 중에서도 **견훤**과 **궁예**는 전쟁마다 승리해 큰 세력으로 떠오르고 있었단다.

우리 집안도 송악(개성)에서 제법 큰 세력을 가진 호족 가문이었는데, 언제부터인가 아버지는 깊은 생각에 잠기곤 하셨어.

내가 스무 살이 되던 해, 아버지는 나를 데리고 궁예를 찾아갔어.

"저와 제 아들을 받아 주십시오."

아버지는 궁예 세력과 **연합**하기로 결정했지. 그날 이후로 나는 궁예의 부하가 되었고, 궁예와 함께 정복 활동을 벌였단다. 나는 여러 전쟁에서 승리를 거두어 궁예의 땅을 넓혀 주었고, 그 덕분에 궁예의 신임을 얻을 수 있었지.

그러던 중, 서남쪽 지역에서 큰 세력을 떨치던 견훤이 '후백제'라는 나라를 세웠다는 소식을 듣게 되었어. 북쪽 지역을 거의 장악한 궁예도 가만히 있을 리 없겠지? 곧이어 궁예도 '후고구려'를 세웠단다.

이렇게 신라가 약해질 대로 약해져 대부분의 지역을 호족이 지배하는 가운데 후백제, 후고구려가 들어서면서 **후삼국 시대**가 열리게 되었어.

후삼국 시대

後	뒤 **후**
三	석 **삼**
國	나라 **국**
時	때 **시**
代	시대 **대**

신라 말에 견훤이 후백제를 세우고, 궁예가 후고구려를 세움으로써 신라는 다시 세 나라로 나뉘게 되었다. 이 시기를 후삼국 시대라고 한다.

후고구려 **궁예**

신라 **효공왕**

후백제 **견훤**

반역

反 돌이킬 **반**

逆 거스를 **역**

통치자에게서 나라를 다스리는 권한을 빼앗으려고 하는 것이다. 궁예는 시간이 지나자 점점 강압적인 정치를 폈다. 사람들의 마음을 볼 수 있는 신통력을 가졌다며 많은 사람들을 반역죄로 처형해 백성들에게 원망을 샀다.

처형: 죄인을 벌하거나 죽이는 것을 말한다.

"바른 대로 말하라! 그대가 **반역**을 꾀했다면서?"

궁예가 나를 무섭게 노려보며 다그쳤던 그때 일을 생각하면 아직도 가슴이 쿵쿵 뛴다니까.

원래 궁예는 백성을 사랑하고 공정한 임금이었어. 그런데 어느 날부터인가 주변 사람들을 의심하더니 무섭게 변하기 시작했어. 부인과 아들마저도 자신의 뜻과 맞지 않으면 가차없이 **처형**했지. 급기야 나까지 의심해 하마터면 그때 죽을 뻔 했지. 하지만 내가 납작 엎드리자 화를 풀더라고.

"제가 죽을 죄를 지었습니다. 한 번만 용서해 주십시오."

"하하하, 그대가 죄를 인정하고 잘못을 뉘우치니, 이번만 용서해 주겠다. 다시는 그러지 말거라."

하지만 그 후에도 죄 없는 신하들의 죽음이 이어졌단다. 견디다 못한 신하들이 나를 찾아와 간곡히 부탁했어.

"장군께서 궁예를 내쫓고, 우리의 새 왕이 되어 주십시오."

처음에는 거절했지만, 거듭 부탁하자 나는 그 뜻을 받아들였지.

918년, 나는 군대를 이끌고 궁궐로 쳐들어갔어. 궁예는 당황해서 도망쳤지만, 곧 백성들에게 잡혀 죽임을 당하고 말았지.

"새 나라의 이름은 고구려를 잇는 나라라는 뜻으로 '**고려**'라 하겠다. 나는 반드시 백성들이 행복한 나라를 만들 것이다."

새 나라를 연 것을 선포하자, 온 백성이 기뻐했어.

나는 궁예의 잘못을 거울 삼아 스스로를 낮추고 호족들과 사이좋게 지내기로 결심했어. 그래서 호족들에게 벼슬도 주고 땅도 주면서 대접해 주었지. 그러자 호족들 사이에서 나와 함께 하면 좋은 일이 생긴다는 소문이 퍼졌어. 전국에서 많은 호족들이 나를 돕고 싶다고 찾아왔지. 그 덕분에 고려 땅은 더 넓어졌고, 후백제와 신라 땅은 점점 더 줄어들었단다.

어느 날, 거란의 침입으로 멸망한 **발해**의 **유민**들이 날 찾아왔어. 발해는 고구려를 이어 받은 한 민족이잖아? 당연히 난 그들을 고려의 백성으로 반갑게 맞아 주었단다.

고려

高 높을 고
麗 나라 이름 려

왕건이 918년에 세운 나라이다. 왕건은 호족을 포섭하고 민심을 얻는 정책을 펴 936년에 후삼국을 통일했다.

발해: 고구려 멸망 이후 고구려를 계승하여 대조영이 세운 나라이다.

유민: 망하여 없어진 나라의 백성을 말한다.

주도권: 주동적인 위치에서 이끌어 나갈 수 있는 권력이나 권리이다.

포로: 전쟁에서 사로잡힌 적군을 말한다.

고려는 후삼국의 **주도권**을 두고 백제와 대립하면서 신라와는 좋은 관계를 유지했어. 그러던 어느 날, 신라에 후백제가 쳐들어오자 신라의 사신이 고려에 찾아와 도움을 요청했어. 나는 당장 군사를 이끌고 위기에 빠진 신라로 출발했단다.

하지만 내가 신라에 도착하기도 전에 신라로 쳐들어간 후백제 군사들은 여기저기 불을 지르고, 사람들을 마구 죽였어. 견훤은 신라 왕을 죽게 만들고 허수아비 왕을 세운 다음, 많은 **포로**와 재물을 빼앗았어. 나는 후백제로 돌아가는 견훤의 군대와 딱 마주쳐 싸웠는데, 전투에서 크게 져 겨우 목숨만 구할 수 있었어. 하지만 그 일로 신라 사람들의 마음을 얻을 수 있었지.

몇 년이 흐른 어느 날이었어. 잘나가던 견훤이 나를 찾아와 살려 달라고 부탁하는 게 아니겠어?

"나의 아들들이 서로 왕이 되겠다고 싸우다 큰아들 신검이 막내아들 금강을 죽였소. 그러더니 신검이 나를 **금산사**에 가두고 스스로 왕이 되었소. 간신히 도망쳐 고려로 왔으니, 제발 나를 받아 주시오."

나는 견훤을 따뜻하게 맞이했어.

⊙ 김제 금산사 미륵전(전라북도 김제시): 견훤이 막내아들 금강에게 왕위를 물려주려고 했다. 그러자 큰아들 신검이 불만을 품고 반란을 일으켜 견훤을 금산사에 가두었다. 이후 신검이 왕위에 올랐으나 후백제의 힘은 점점 약해졌다.

어서 오십시오.

왕건

나를 받아 주시오.

견훤

신라를 거두어
주시오.

잘 오셨습니다.

경순왕

왕건

백제의 견훤이 고려에 **귀순**했다는 소식은 신라에도 전해졌어.

"신라를 고려에 바칩니다. 부디 신라 땅과 백성들을 잘 거두어 주
십시오."

신라의 경순왕이 나를 찾아와 스스로 항복하는 거야(신라 항복).
당연히 나는 신라 왕과 백성들도 기쁜 마음으로 맞아 주었단다.

뜻밖의 좋은 일은 연달아 일어났어. 고려 땅에 머무르며 기운을 차
린 견훤이 오랜만에 나를 찾아와 부탁하더군.

"내게 군사를 내 주시오. 내가 직접 후백제를 공격하리다!"

나는 기꺼이 견훤의 부탁을 들어 주었지. 견훤은 고려의 군사를 이
끌고 후백제를 공격했어. 한때 임금으로 모셨던 견훤이 앞장서서 자
신들을 공격하는 모습에 겁이 난 후백제 군사들이 이리저리 도망을
쳤어. 후백제는 곧 고려에 항복할 수밖에 없었어(후백제 멸망).

이로써 나는 큰 희생을 치르지 않고 신라와 후백제를 얻어 후삼국
을 **통일**한 최후의 승자가 되었단다. 또 발해 유민도 꾸준히 받아들여
북쪽으로 영토를 넓혀 나갔지.

통일

| 統 | 한데 묶을 | 통 |
| 一 | 한 | 일 |

왕건은 어진 정치로
호족과 백성들의 인
심을 얻었다. 전쟁이
길어지자 신라가 스
스로 항복해 오고, 힘
이 약해진 후백제를
공격해 승리하면서
936년에 후삼국을 통
일했다.

귀순: 반역하려는 마음
을 버리고 어떤 나라에
복종하는 것을 말한다.

★ 참고자료

왕건의 호족 통합 정책:
왕건은 큰 세력을 가진 호족들과 결혼 정책을 통해 더 가까운 관계로 연합했다. 또 지방 호족의 자제들을 중앙으로 불러들여 지방 세력을 견제하고 감시하기도 했다.

반란: 정부나 지도자 따위에 반대하여 내란을 일으키는 일이다.

인척: 혼인에 의해 맺어진 친척이다.

"이제 전쟁터에 끌려 나갈 일이 없으니 얼마나 좋아?"

"왕건 임금님이 세금도 내려 주고, 나라의 공사도 줄여 백성들이 농사일에만 힘쓸 수 있게 해 주니, 정말 꿈만 같아."

나라가 통일되자, 백성들의 얼굴에서 웃음꽃이 피어났어. 나는 다시는 이 땅에서 한 민족이 여럿으로 나뉘어 싸우는 일이 일어나서는 안 된다고 생각했어. 그러기 위해 무얼 해야 하나 고민하다가 아주 좋은 방법을 생각해 냈지.

"그래. 전국에 있는 힘 있는 호족들의 누이나 딸과 결혼하는 거야!"

난 후삼국을 통일하기 전부터 세력이 큰 호족의 딸들과 결혼해 그들의 지원을 받을 수 있었어. 생각해 봐. 막강한 힘과 군대를 가진 호족들이 **반란**이라도 일으키면 고려가 또 위험에 빠질 거 아냐. 하지만 내가 호족들과 혼인 관계를 맺어 그들과 **인척**이 된다면, 나에게 더욱 협조할 테고, 그러면 고려를 평화롭게 다스릴 수 있을 거야.

난 29명의 부인을 두었고, 그들에게서 아들 25명, 딸 9명을 낳았어. 그 덕분에 호족들을 포섭하는 데는 성공했지만 내가 죽고 난 뒤 왕자들끼리 잘 지낼지 걱정이야.

궁예

견훤

왕건에게 배반 당하지만 않았어도 내가 후삼국을 통일했을 텐데!

무슨 소리! 큰아들 놈이 왕의 자리에 욕심만 내지 않았으면 내가 후삼국을 통일했을 거야!

| 한때 백성들의 영웅이었으나 포악한 왕으로 변해버린 **궁예** | 패기와 용맹의 상징이었으나 나약한 아버지였던 **견훤** |

VS

[출신]
• 신라 왕족 출신

[특징]
• 송악(개성)을 도읍으로 정하고 후고구려를 세움.
• 어느 날부터 스스로를 미륵불이라 부르며 다른 사람의 마음을 읽을 수 있다고 주장함.
• 세력 강화를 위해 포악한 정치를 일삼음.
• 백성들에게 인심을 잃고 왕건에 의해 쫓겨남.

[출신]
• 신라 군인 출신

[특징]
• 완산주(전주)를 도읍으로 정하고 후백제를 세움.
• 신라를 공격하여 경애왕을 죽게 함.
• 자식 복이 없음.
• 큰아들에 의해 금산사라는 절에 갇힘.
• 금산사를 탈출하여 왕건에게 항복함.

1 후삼국의 백성들이 당시 상황을 이야기해 주고 있어요. 빈칸에 들어갈 알맞은 말을 보기 에서 찾아 쓰세요.

보기	귀족	호족	견훤	궁예
	왕건	고려	신라	신검

신라 말에 나라가 혼란해지자, 지방에서 군사력과 경제력을 바탕으로 새로운 정치 세력인 ⬜⬜⬜ 이/가 등장했어.

후백제는 ⬜⬜⬜ 이/가 세웠어. 이 사람은 신라에 침략해 왕을 죽게 만들기도 했지.

후고구려는 ⬜⬜⬜ 이/가 세운 나라야. 고려를 세운 왕건도 한때 이 사람의 신하였어.

거란의 침략으로 멸망한 발해의 유민들이 왕건을 찾아가 ⬜⬜⬜ 의 백성이 되었어.

2 다음은 후삼국 시대에 있었던 일이에요. 맞으면 ○, 틀리면 ×를 선택하세요.

왕건은 궁예의 부하가 되어 전쟁에서 큰 공을 세웠어.　　○ | ×

견훤이 세운 후백제는 신라와 사이좋게 지냈지.　　○ | ×

후백제의 견훤이 왕건에게 찾아가 살려 달라고 도움을 청했어.　　○ | ×

3 왕건이 후삼국을 통일하기 위해 길을 나섰어요. 답이 ○인 길로 찾아가 보세요.

1 후고구려를 세운 궁예는 왕건과 신하들에 의해 왕의 자리에서 쫓겨났어요. 궁예와 왕건은 새 나라의 리더로서 어떤 점이 서로 달랐을까요?

tip 궁예도 새 나라를 세울 만큼 백성들의 지지를 받던 인물이었지만 점차 변해갔어.

① 궁예는

----

② 왕건은

----

2 신라의 마지막 왕인 경순왕이 깊은 고민에 빠져 있어요. 어떤 고민을 하고 있을까요? 그래서 어떤 결정을 내렸을까요?

tip 경순왕은 기울대로 기운 신라의 왕실과 백성들이 무사하기를 바랐어.

이제 신라의 운명은 끝난 것 같구나. 나라 땅은 점점 줄어 들고, 세금도 걷히지 않으니 신라를 더 이상 유지하기 힘들다. 어차피 조금 있으면 힘이 센 후백제에게 나라를 빼앗기게 될 것이 분명하다. 그럴 바에는 백성들이 더 이상 전쟁을 겪지 않게 하는 것이 낫지 않겠는가!

❶ 신라의 경순왕은 어느 나라에 신라를 바치기로 결심했나요?

----

❷ 그 까닭은 무엇인가요?

----

3 내가 고려의 백성이라고 생각하고 이웃 나라 사람에게 왕건의
정책을 설명해 보세요.

tip 왕건은 나라와 백성을
안정시키기 위한 정책을 펼쳤어.

4 왕건의 결혼 정책은 고려의 발전에 어떤 영향을 주었을까요?
또 장차 어떤 문제점을 낳았을까요?

tip 왕건은 호족 집안의 여인들과 혼인을 통해 호족들과 인척 관계가 되었지요.

폐하, 또 결혼을 하신단 말입니까?

모두가 고려를 위한 일이라오.

나를 비롯한 25명의 왕자는 모두 왕이 될 자격이 있었지.

1 왕건의 결혼 정책이 고려의 발전에 미친 영향

2 왕건의 결혼 정책이 낳은 문제점

고려

2 광종, 왕권을 강화하다

 이때는 말이야~

5-2 1. 옛사람들의 삶과 문화
② 독창적 문화를 발전시킨 고려

난 형들과 달라.
강력한 왕권으로 개혁을
펼쳐 나가겠어!

혜종 때 왕규가 자신의
외손자를 왕위에 앉히려고
반란을 일으켰어.

 왕규의 난,
정종 즉위

945

943
혜종 즉위

949
광종 즉위

🔑 키워드

광종

光 빛 **광**

宗 마루 **종**

혜종과 정종에 이어 왕위에 오른 광종은 강력한 왕권을 확립하고 나라를 안정시키기 위해 여러 정책을 폈다.

즉위식: 임금의 자리에 오르는 것을 백성과 조상에게 알리기 위해 치르는 의식이다.

권세: 권력과 세력을 아울러 이르는 말이다.

시종: 왕이나 높은 사람의 시중을 드는 사람을 말한다.

★참고자료

왕규의 난: 태조 왕건의 큰아들 혜종은 왕이 되어서도 힘이 있는 호족과 왕자들로부터 왕의 자리를 위협받았다. 이런 가운데 광주 호족 왕규가 자신의 외손자를 왕위에 앉히려고 반란을 꾀했다가 처형당했다.

오늘 궁궐에서 새 왕의 **즉위식**이 있었어요. 왕건의 셋째 아들이 고려의 네 번째 왕이 되었는데, 그가 바로 **광종**이에요.

왕이 된 첫날 밤, 광종은 좀처럼 잠을 이루지 못했어요.

'큰 형님(혜종)과 둘째 형님(정종)이 호족들의 위협에 시달리다 연달아 병으로 세상을 떠나셨다. **권세** 있는 호족들이 자기 손자나 조카를 왕으로 만들겠다고 덤벼드는 탓에 왕은 나라를 제대로 다스릴 수가 없다. 상황이 이렇게 된 것은 아버지가 호족들의 세력을 끌어안으려고 무려 29명의 부인에게서 25명의 아들을 두었기 때문이다. 왕자들 모두 왕이 될 자격이 있으니, 호족들이 서로 왕위 다툼을 벌이는 것이다.'

광종은 답답한 마음에 차 한 잔을 청했어요. 곧 궁궐에서 가장 지혜로운 **시종**인 혜자가 따뜻한 차를 가지고 왔지요.

"혜자야, 결국엔 나도 형들과 같은 길을 가게 되겠지?"

"강한 왕이 되십시오. 하지만 아직 호족들의 힘이 강하니, 그들의 인심을 얻으면서 차근차근 왕의 힘을 키우십시오."

혜자의 말에 불안했던 광종의 마음이 잔잔해졌어요.

광종은 총명하고 지혜로운 왕이었어요. 흔들리는 고려를 바로잡고 왕권을 키울 방법을 찬찬히 궁리하였지요. 왕권을 강하게 하려면 먼저 호족의 힘을 약하게 만드는 게 우선이었어요.

어느 날, 광종이 혜자를 불러 물었어요.

"호족들의 힘을 누르려면 무엇부터 해야 하겠느냐?"

"호족의 힘은 수많은 노비에서 나옵니다. 그것을 다스리십시오."

광종은 결심을 굳힌 듯, 고개를 천천히 끄덕였어요.

"억울하게 노비가 된 사람들은 신고하라! 당장 풀어 주겠다!"

956년, 광종이 **노비안검법**을 실시하겠다고 발표했어요.

"노비들이 없으면 집안 일은 누가 하고 농사는 누가 지어?"

"노비는 내 소중한 군사들이야. 절대 빼앗기지 않겠다!"

호족들은 왕에게 **항의**하기 위해 궁궐로 몰려갔어요. 하지만 혜자는 광종에게 이를 미리 대비하게 했지요.

"폐하, 호족들을 **제압**하려면 그들보다 더 강한 군대를 가지셔야 합니다. 건장한 청년들을 모아 강력한 폐하의 군대를 만드십시오."

노비안검법		
奴	남자 종	노
婢	여자 종	비
按	누를	안
檢	검사할	검
法	법	법

광종 때 양인(평민)이었다가 노비가 된 사람을 조사하여 다시 양인이 될 수 있도록 만든 법. 광종은 이 정책으로 호족들의 권력을 약화시키고 왕권을 강화할 수 있었다.

항의: 반대의 뜻을 주장하는 것을 말한다.

제압: 세력이나 기세 따위를 억누르는 것을 말한다.

혜자

강한 왕이 되십시오.

광종

광종은 강한 군대로 반발하는 호족들을 제압했어요. 호족들을 무릎

꿇린 광종은 엄하게 그들을 꾸짖었어요.

"너희들은 원래 **양인**이었던 사람들을 전쟁 포로로 잡아, 혹은 강제

로 그들의 땅을 빼앗아 노비로 삼았으니 그 죄가 크다. 이들을 원

래 신분으로 돌려주고 다시는 그러지 말라!"

노비안검법의 실시로 노비를 빼앗긴 호족들은 세력이 크게 약해져

예전처럼 왕권을 위협하지 못했지요.

광종은 오랜만에 혜자와 함께 저녁 산책에 나섰어요. 궁궐 안 정원

을 거닐며 혜자와 이런저런 이야기를 나누었어요.

"혜자야, 내가 잘하고 있는 것 같으냐?"

"폐하, 노비에서 해방된 백성들이 호족들의 괴롭힘에서 벗어나 평

안을 누리고 있습니다. 양인이 된 그들이 세금을 내고 큰 공사에도

참여하니, 나라에도 큰 도움이 됩니다."

하지만 광종의 어두운 표정은 좀처럼 밝아지지 않았어요.

"그렇지만 나라의 중요한 **관직**을 **선왕**이신 태조(왕건) 때 공을 세운 공신과 호족들이 모두 차지하고 있으니 내 뜻을 제대로 펼칠 수가 없구나."

광종의 답답한 마음이 혜자에게 고스란히 전해졌어요.

"폐하, 중국의 **사신**으로 고려에 와서 잠시 머물고 있는 **쌍기**를 기억하시는지요? 그를 만나 지혜를 구하시면 좋은 방법을 찾을 수 있을 것입니다."

얼마 후 광종은 쌍기를 궁궐로 불러들였어요.

"지금 고려의 **조정**은 호족들로 가득 차 있어 새로운 정책을 펼치기 힘들다. 새로운 관리를 뽑는다 해도 공신과 호족의 자녀들에게 특권이 있어 또다시 관직은 이들의 차지가 되고 있다. 어떻게 하면 능력 있는 인물들을 쓸 수 있겠는가?"

"**과거제**를 실시하십시오. 그러면 출신에 관계 없이 능력 있는 인재를 관리로 뽑을 수 있습니다."

쌍기의 말에 왕의 곁에 서 있던 혜자도 고개를 끄덕였어요.

과거제

科	과목	**과**
舉	뽑아 쓸	**거**
制	법도	**제**

시험을 봐서 인재를 선발해 관리로 뽑아 쓰던 제도. 과거제는 신분보다 능력 중심의 사회를 만들고, 왕권을 강화시키는 정책 중 하나이다.

관직: 관청에 나가서 나랏일을 맡아 하던 벼슬이다.

선왕: 앞선 시대의 임금을 뜻한다.

사신: 나라의 명을 받고 외국에 파견되던 신하를 말한다.

조정: 임금과 신하들이 나라의 정치를 의논하거나 진행하는 곳이다.

왕권을 강화하려면 과거제를 실시하십시오.

오! 좋은 생각이로다.

쌍기

유교: 중국 공자의 가르
침을 받드는 전통적인
학문으로 충과 효를 중
요시한다. 유학이라고도
한다.

무기력: 어떠한 일을 감
당할 수 있는 기운과 힘
이 없는 상태이다.

"과거제는 권력이나 **혈연**이 아닌, 능력에 따라 관리가 될 수 있는
제도입니다. 과거 시험 과목으로 **유교**를 선택하십시오. 유교는 왕
에게 충성하고 부모에게 효도하는 것을 중요하게 여깁니다. 또, 과
거 시험에서 최종 합격자를 결정하는 것은 왕이기 때문에 과거 시
험에 합격해 관리가 된 사람들은 반드시 왕에게 충성을 다할 것입
니다."

"과연 최고의 방법이로다!"

광종이 쌍기의 말을 듣고 무릎을 탁 치며 감탄했어요.

얼마 뒤, 광종은 과거제를 실시하겠다고 선포했어요. 그러자 호족
들이 또다시 반발했지요. 대대손손 권력을 쥐고 부귀영화를 누리겠
다는 꿈이 와장창 깨지게 되었으니까요. 하지만 노비를 빼앗긴 후 힘
을 잃은 호족들의 반대는 **무기력**했어요. 광종은 이번에도 호족들의
반대를 물리쳤어요.

958년, 드디어 과거제가 실시되었어요.

과거 시험장은 유교 지식을 갖춘 많은 인재들로 가득 찼어요. 광종은 직접 과거 시험을 감독하고, 합격자의 이름도 직접 발표하면서 각별한 애정을 쏟았어요.

과거 시험을 통해 관리가 된 사람들은 자신을 뽑아 준 왕에게 충성하며 나랏일을 야무지고 똑똑하게 해냈어요. 과거제가 자리 잡으면서 호족들의 힘은 더욱 약화되었어요. 제아무리 집안이 좋아도 능력이 없으면 높은 벼슬에는 오를 수 없게 되었으니까요.

능력 있는 인재로 채워진 고려 조정은 활기차게 백성을 위한 정책을 펼치기 시작했고, 그 덕분에 고려는 더욱 발전했어요.

혜자는 빙그레 웃으며 조용한 목소리로 중얼거렸어요.

'이제 그만 폐하 곁을 떠날 때가 된 것 같군.'

얼마 뒤, 궁궐 안이 발칵 뒤집혔어요. 혜자가 감쪽같이 사라졌거든요. 사실 혜자는 **법력**이 아주 높은 스님이었어요. 나라가 어려워지자, 왕을 돕기 위해 잠시 시종이 되었던 거예요.

★ 참고 자료

고려의 관리 선발 제도
- **음서:** 나라에 공을 세운 신하나 높은 관리의 자손을 과거 시험을 치르지 않고 관리로 선발했다.
- **과거제:** 신분에 관계없이 과거 시험을 치러 관리를 선발했다.

법력: 오랜 시간 동안 수행해서 얻은 뛰어난 능력을 말한다.

나라가 평안해지자, 혜자는 이제 그만 쉬어야겠다며 어마어마하게 큰 바위로 변했지요. 그런데 너무 큰 바위로 변신한 걸까요? 백성들이 깜짝 놀라 왕에게 갑자기 큰 바위가 나타났다고 알렸어요.

"고려의 큰 복이니, **불상**을 만들어 부처의 은혜에 보답하라."

왕의 명령을 받은 기술자들이 큰 바위에 달라붙어 작업을 시작했어요.

탁탁! 톡톡!

시간이 흘러 큰 바위는 진짜 부처의 모습을 갖추게 되었어요.

"우아, 이렇게 큰 불상은 태어나서 처음 봐."

사람들이 감탄하니, 커다란 불상도 기분이 좋아졌어요. 그 뒤로 불상은 한 자리에 우뚝 서서 백성들의 이야기를 들었어요.

아주 오랜 세월이 흐른 어느 날, 불상은 아이들이 두런두런 나누는 이야기를 듣고 깜짝 놀랐어요.

"이 불상 너무 못생기지 않았냐? 머리가 너무 커!"

'뭐라고? 내가 못생겼다고?'

● 논산 관촉사 석조 미륵보살 입상(충청남도 논산시): 전하는 바에 따르면 어느 날 갑자기 큰 돌이 발견되자, 광종이 혜명대사에게 명해 미륵보살을 만들게 했다고 한다. 크기가 약 17.8m로, 우리나라 석조 불상 중에서 가장 큰 불상이다.

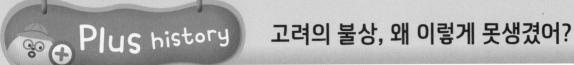

Plus history

고려의 불상, 왜 이렇게 못생겼어?

신라의 불상에 비해 고려의 불상은 커다랗고, 몸의 균형도 맞지 않는 것 같지? 신라와 고려 모두 불교 국가였는데, 왜 고려의 불상만 이렇게 못생겼냐고?

신라

나를 봐.
얼마나 균형미 있고
우아하냐고!

❂ **석굴암 본존불상**(경상북도 경주시)

고려

못생겼다고 무시하지 마.
고려만의 독특한
스타일이라고!

❂ **파주 용미리 마애이불입상**(경기도 파주시)

고려 시대에는 각 지방에 힘 있는 호족들이 많았어.
큰 권력을 가진 지방의 호족들은 자신의 힘이 얼마나 큰지
보여 주기 위해 경쟁적으로 큰 불상을 만들었어. 그래서 고려에는
거대한 불상이 많고, 지방마다 불상의 모습이 다른 거야.

또, 이렇게 많은 불상들이 만들어지다 보니, 신라 때처럼
왕실의 최고급 기술자가 정성을 다해 만든 불상보다 솜씨가
떨어졌지. 그래서 고려에는 못생긴 불상이 많은 거야.
하지만 고려만의 독특한 양식 중 하나니까
못생겼다고 무시하면 안 돼.

history Point

1 다음은 누구에 대한 설명일까요? 빈칸에 알맞은 인물을 보기에서 찾아 써 보세요.

> **보기**
>
> 혜종   광종   쌍기   왕규   왕건

1 [ ] : 광주 지역의 호족으로, 혜종 때 자신의 외손자를 왕위에 앉히려고 반란을 일으켰다.

2 [ ] : 왕건의 뒤를 이어 왕이 된 두 왕(혜종과 정종)이 연달아 병으로 죽자, 그 뒤를 이어 고려의 제4대 왕이 되었다.

3 [ ] : 광종에게 능력 있는 인재를 선발하는 과거제를 제안했다.

2 친구들이 모여서 고려 광종 때 있었던 일에 대해 이야기하고 있어요. 옳게 이야기한 친구를 찾아 모두 ○표 하세요.

광종은 왕이 되자마자 호족들에게 친절하게 대해 호족들을 안심시켰어.

광종이 노비를 풀어 준다는 말을 듣고 호족들이 좋아했잖아.

과거제가 실시되자 호족들의 힘이 더 강해졌어.

광종은 호족 세력을 누르고 왕권을 강화했어.

3 다음은 광종이 실시한 개혁 정책을 신문 기사로 꾸민 것이에요. 내용을 읽고 빈칸에 들어갈 기사 제목을 써 보세요.

제5호

고려 일보

956년~958년

특별 기획 　**광종의 정책을 말하다**

광종의 [　　　　　] 발표에 호족들이 반발하다

956년, 광종은 원래 양인이었다가 억울하게 노비가 된 사람들을 풀어 주겠다고 발표했습니다. 호족들은 자신들의 재산이자 군사력인 노비를 해방시킨다는 말에 강하게 반발하고 있습니다.

[　　　　　] 을/를 시행해 유능한 인재를 뽑다

958년, 광종은 과거 시험을 통해 관리를 뽑겠다고 발표했습니다. 시험 첫날, 전국 각지에서 인재들이 몰려들어 실력을 겨루었습니다. 시험에 합격한 사람들은 고려 조정의 관리가 되어 나랏일을 하게 될 것입니다.

1 다음과 같은 상황에서 왕이 된 광종은 왕권 강화를 위해 어떤 다짐을 했을지 자신의 생각을 써 보세요.

tip 광종은 혜종과 정종의 죽음을 겪으면서 왕권을 튼튼히 하는 것이 얼마나 중요한지 깨달았어.

아버지인 태조 왕건은 호족들의 협조를 얻기 위해 호족 집안의 여인 29명과 결혼해 25명의 아들을 낳았다. 왕자들의 외삼촌이거나 외할아버지인 호족들은 자신의 조카나 손자를 왕으로 만들고 싶어 했다. 왕규는 자신의 외손자를 왕으로 만들기 위해 반란을 일으키기도 했다.

호족들의 위협에 시달리다 형인 혜종과 정종이 병으로 세상을 떠났다.

그 뒤를 이어 나 광종이 왕이 되었지만, 나 역시 아직은 힘이 없다.

그리하면 아니되옵니다!

그것도 아니되옵니다!

어찌하면 강력한 왕권을 확립할 수 있을까?

혜종

정종

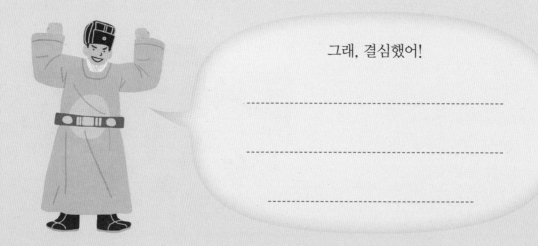

그래, 결심했어!

2 고려 노비들의 이야기를 보고, 왜 호족들이 노비안검법을 반대 했는지 그 까닭을 써 보세요.

tip 호족들의 힘이 어디로 부터 나올까?

호족들이 노비들을 많이 차지하려고 온갖 나쁜 짓을 한다네요. 힘 있는 호족들은 수백 명에서 천 명까지 노비를 거느리고 있대요.

우리 노비들이 농사도 지어 주고, 집안 일도 모두 하니 왜 안 그렇겠어? 우리가 없으면 권력을 유지할 수 없을 거야.

노비들을 군사로도 이용하잖아. 난 전쟁터에 끌려나가서 하마터면 죽을 뻔 했다고!

노비안검법 절대 반대! 왜냐고?

----

3 광종이 왕권을 강화하기 위해 과거제를 시행했어요. 광종과 과거 시험에서 우수한 성적을 받아 관리로 뽑힌 이들은 각각 어떤 마음일까요?

tip 광종은 자신의 뜻을 펼치려면 새로운 인재가 필요하다고 생각했어.

과거 시험으로 뽑은 고려의 새 인재를 보니 든든하구나!

① 광종의 당부

----

② 관리들의 각오

----

4 고려 초기에 지방 호족들은 자신들의 힘을 과시하기 위해 거대한 불상을 많이 만들었어요. 고려 불상은 어떤 특징을 가졌고, 왜 이런 모습을 갖게 되었는지 생각하여 써 보세요.

tip 힘 있는 호족들은 너도나도 불상을 만들었지.

고려는 불교 국가로, 부처의 도움을 바라며 불상을 많이 만들었어요. 특히, 고려 초기에는 지방에서 호족들의 후원으로 그 지역의 특색이 나타난 불상을 많이 만들었지요. 하지만 고려의 불상은 삼국 시대의 불상과 그 생김이 무척 달라요. 신라의 불상은 세련되고 우아한 특징을 갖는 반면, 고려의 불상은 거대하고, 몸의 비례도 맞지 않는 것이 많지요.

❶ 고려 불상을 모두 찾아 ◯표 해 보세요.

ㄱ  ㄴ  ㄷ

❷ 고려의 불상은 왜 이렇게 크고 못생긴 걸까요?

고려

3 서희, 말로 거란의 칼을 이기다

 이때는 말이야~

고려는 발해를 멸망시킨
거란을 멀리 해 만부교 아래에서
거란이 보낸 낙타를 굶겨 죽였어.

만부교 사건

942

고려가 우리 거란을
무시하고 송나라와만
친하게 지내!

거란의 성종

982
거란, 성종 즉위

**거란의 1차 침입,
서희의 외교 담판**

993

담판은 말로 싸워서 결판을
낸다는 뜻이야. 내가 거란의
소손녕과 외교 담판을 벌였지.

서희

고려가 송나라와
계속 친하게 지내자
거란이 다시 쳐들어왔어.

거란의 3차 침입
(~1019)

1018

고려는 북방 민족의 침입을
막기 위해 천리장성을 쌓았어.

천리장성 축조(~1044)

1033

1010

거란의 2차 침입
(~1011)

1019

강감찬의 귀주 대첩

강감찬은 귀주에서
후퇴하는 거란군을 기습해
크게 물리쳤어.

Hi-story

🔑 키워드

서경

西 서쪽 **서**

京 서울 **경**

고려에서 도읍인 개경과 더불어 중요하게 여겼던 도성 중 하나로 지금의 평양이다.

★ 참고 자료

거란: 고려 전기에 중국 대륙의 북쪽을 지배했던 민족. 흩어진 부족을 통일하고 나라 이름을 '요'로 바꾼 뒤, 고려를 침략했다.

소손녕: 거란의 장수로, 10만 대군을 이끌고 고려로 쳐들어왔다.

간담: 속마음을 뜻한다.

기로: 어느 한 쪽을 선택해야 할 상황을 말한다.

"고구려의 옛 땅은 이제 **거란** 것인데, 시시때때로 고려가 침범하므로 혼내 주러 왔다. 고려의 왕은 어서 나와서 항복하라!"

993년, 거란의 장군 **소손녕**이 80만 대군을 이끌고 고려에 쳐들어와 천둥 같은 소리로 위협하자 고려 백성은 **간담**이 서늘해졌어요.

고려 왕은 직접 군대를 이끌고 나갔지만, 거란의 대군을 당해내지 못했지요. 이제 고려는 항복을 하느냐, 끝까지 싸우느냐 선택의 **기로**에 놓이게 되었어요. 왕과 신하들이 한 자리에 모여 대책을 의논했어요.

"고려는 지금 큰 위기에 처해 있소. 어떻게 하면 나라를 구할 수 있을지 말해 보시오."

왕의 물음에 한 신하가 쭈뼛쭈뼛 앞으로 나서며 말했어요.

"옛 고구려 땅이었던 **서경** 이북의 땅을 거란에게 떼어 주고 항복하면 어떨까요?"

"그것이 좋겠습니다. 혹시 거란이 서경 이북의 땅을 얻고도 남쪽으로 또 쳐들어올지 모르니, 서경 창고에 있는 쌀을 강에 버려 거란이 이용하지 못하게 하옵소서."

한참 동안 고민한 뒤, 고려의 왕이 입을 떼었어요.

"서경 이북의 땅을 거란에게 주고 항복하겠다. 서경의 쌀을 백성들에게 나눠 주고, 남은 것은 모두 강에 버려라!"

그러자 보다 못한 **서희**가 나섰어요.

"적에게 땅을 떼어 주고 항복하는 것은 대대손손 부끄러운 일이 될 것입니다. 그리고 백성들이 고생해서 농사 지은 쌀을 강에 버리다니요? 절대로 해서는 안 될 일입니다."

"고려의 군사력으로는 거란을 이기지 못할 것인데, 그럼 대체 어쩌란 말인가?"

"전쟁에서 이기고 지는 것은 군사력에만 달려 있지 않습니다. 적의 약점과 속셈을 알면 반드시 이길 수 있습니다. 제가 직접 거란의 장군인 소손녕을 만나 **담판**을 짓고 오겠습니다."

결국 왕은 항복을 미루고 서희를 거란의 **진영**에 보내기로 했어요. 그 날 밤, 좀처럼 잠을 이룰 수 없었던 서희는 붓을 들고 책상 앞에 앉았어요.

담판

談 말씀 **담**

判 판단할 **판**

서로 맞선 관계에 있는 쌍방이 의논하여 옳고 그름을 판단하는 것을 말한다.

진영: 군대가 머물고 있는 곳을 말한다.

항복하는 게 좋겠습니다.

거란에게 항복하다니요? 제가 담판을 짓고 오겠습니다!

고려와 주변 나라의 관계

거란 　 여진

　 　 　 고려

송

고려는 중국 대륙을 통일한 송나라와 문물을 교류하며 친하게 지냈다. 하지만 국경을 맞대고 있었으나 발해를 멸망시킨 거란과는 적대적 관계였다. 고려의 동북쪽에는 여진이 있었는데 고려를 섬기며 무역을 하는가 하면, 국경 부근까지 침입해 약탈을 하기도 했다.

993년 ◯월 ◯일. 흐림.

　나는 거란의 행동이 이상하다는 생각을 떨쳐 버릴 수가 없다. 지금 거란의 군사력이라면 곧장 군사를 몰아 개경(개성)까지 공격할 수 있는데, 거란은 공격은 하지 않고 자꾸 항복하라는 소리만 한다. 어쩌면 거란의 목적은 고려의 항복이 아니라, 고려를 자기 편으로 끌어들이려는 게 아닐까?

　거란이 세력을 확장해 발해를 멸망시키더니, 이제는 기름진 땅을 가진 송나라까지 탐내고 있다. 곧 두 나라가 충돌할지도 모른다. 그런데 두 나라의 이웃인 고려가 거란은 멀리하면서 송나라와는 친하게 지내니 약이 오를만도 하겠지. 거란의 입장에서 보면, 거란과 송나라가 전쟁을 벌였을 때 고려가 송나라를 도우면 승리를 장담할 수 없다. 그러니 우리 고려를 먼저 공격해서 송나라와의 관계를 끊게 하려는 것이 아닐까?

　그렇다면, 고려가 송나라와의 관계를 끊고 거란과 친하게 지내겠다고 약속한다면 거란이 고려에서 물러날 것이 아닌가! 그렇게만 된다면 고려는 피 한 방울 흘리지 않고 거란을 물리칠 수 있을 것이다. 거란의 속마음을 정확히 알아낸다면, 고려는 무사할 것이다.

신하 대 신하로 대하지 않는다면 만날 수 없소.

을씨년스럽다: 보기에 날씨나 분위기가 몹시 스산하고 쓸쓸한 데가 있다.

적진: 적이 모여 있는 진영을 뜻한다.

동등: 등급이나 정도가 같은 것을 말한다.

회담: 어떤 문제를 가지고 거기에 관련한 사람들이 모여서 토의하는 것을 말한다.

서희가 거란의 진영으로 들어가는 날은 유난히 바람이 많이 불고 **을씨년스러웠어요**. 하늘도 고려의 운명이 어찌 될지 몰라 걱정이 되었던 모양이에요.

"그대는 나라를 구하고, 반드시 살아서 돌아오라."

서희를 마중 나온 왕은 서희의 손을 꼭 잡고 여러 번 당부했어요. 서희는 몇몇 부하만 데리고 **적진**으로 들어가 곧 거란의 장군인 소손녕을 만났어요. 소손녕은 서희를 만나자마자 거만한 표정을 지으며 자신에게 절을 하라고 요구했어요.

"신하가 뜰 아래에서 절을 하는 것은 임금에게나 하는 일이오. 그대는 거란의 신하, 나는 고려의 신하인데, 어찌 왕과 신하처럼 절을 하라는 것이오? 나는 그렇게 하지 않겠소."

서희는 소손녕의 요구를 딱 잘라 거절하고 숙소로 돌아와 꼼짝도 하지 않았어요. 소손녕은 안절부절못하다가 결국 서희에게 아무런 조건 없이 만나겠다고 했어요. 비로소 서희와 소손녕은 신하 대 신하로 **동등**하게 마주 앉아 **회담**을 하게 되었지요.

국경

國 나라 **國**

境 지경 **境**

나라와 나라 사이의 경계. 고려 전기에는 거란, 송나라, 여진과 국경을 접하고 있었다.

먼저 입을 뗀 건 마음이 다급한 소손녕이었어요.

"고려는 신라 땅에서 일어난 나라인데, 어찌하여 이제 우리 것이 된 고구려 땅을 차지하고 있는 것이오?"

"무슨 말씀이오? 고려는 고구려를 이은 나라요. 나라 이름만 보아도 모르겠소? 그러니, 오히려 거란이 고려의 땅을 침입하고 있는 것이오."

서희가 당당하게 맞서자, 소손녕이 잠시 주춤거렸어요. 하지만 태연한 척 애쓰며 다음 말을 이어갔지요.

"고려는 **국경**을 마주하고 있는 우리 거란과는 교류하지 않으면서 어찌 바다 건너 송나라하고는 그리 친하게 지내는 것이오?"

'아, 내 예상이 맞았군! 거란은 고려가 송나라 편을 들까 봐 두려워하고 있는 거야. 잘하면 거란을 물러가게 하는 것은 물론이고, 더 많은 것을 얻을 수도 있겠는걸!'

고려! 이제 우리 거란과 친하게 지내자고!

거란의 의도를 정확하게 파악한 서희는 엷은 미소를 머금고 다시 따지기 시작했어요.

"**압록강** 안팎은 우리 땅인데, **여진**이 가로막고 있어 거란에 가는 것이 바다를 건너는 것보다 어렵기 때문이오."

"그럼 여진만 쫓아내 준다면, 우리 거란과 친하게 지낼 수 있다는 것이오?"

서희는 이 기회를 놓치지 않았어요. 거란을 이용해서 여진이 차지하고 있는 땅까지 고려의 땅으로 만들기로 결심했지요.

"그렇소. 압록강 근처에 사는 여진을 내쫓고 고려가 그곳에 성을 쌓는 것을 거란이 돕는다면, 고려는 당연히 송나라와 관계를 끊고 거란과 친하게 지낼 것이오."

"거란의 왕께 그대의 제안을 전할 테니, 그대는 기다리시오."

'이제 거란은 고려에서 물러가고, 고려의 땅도 넓어지겠군.'

회담을 끝낸 서희는 이 전쟁에서 승리했음을 직감했어요. 서희의 예감 대로 거란의 왕은 서희의 제안을 받아들였어요. 소손녕은 큰 잔치를 베풀고 서희에게 낙타와 말, 양, 비단 등 귀한 선물도 챙겨 주었어요. 서희가 고려 조정으로 돌아오자, 왕과 신하들이 기쁘게 맞아 주었지요.

압록강: 우리나라와 중국의 동북 지방과 국경을 이루면서 서해로 흘러드는 강이다.

여진: 발해의 옛 땅에 살던 민족으로, 고려를 큰 나라로 모시면서 조공을 바치기도 했다.

전쟁도 치르지 않고 거란을 물러가게 하다니! 역시 서희 장군님이야!

994년 ○월 ○일. 맑고 화창함

소손녕을 만난 지 벌써 1년이 지났다. 거란이 고려 땅에서 물러간 뒤, 나는 군사를 이끌고 북쪽으로 달려가 여진이 차지하고 있던 땅을 정복했다. 약속대로 거란이 이 일을 도왔기 때문에 여진을 정복하는 일은 수월했다.

나는 그곳에 성을 쌓고 6주를 설치했으니, 바로 이것이 '강동 6주'다. 강동 6주를 얻게 된 건 정말 큰 행운이다. 강동 6주는 군사적으로 중요할 뿐 아니라, 우리 고려와 여진, 거란, 송나라 간의 무역이 이루어지는 상업의 중심지이기도 하기 때문이다.

다만, 한 가지 걱정되는 것은 거란이 강동 6주의 중요성을 뒤늦게 깨닫고, 그 땅을 빼앗기 위해 고려를 다시 침략해 올지도 모른다는 것이다. 고려는 반드시 이 일에 대비해야 한다.

그 이후, 거란은 **강동 6주**를 돌려 달라며 두 번이나 더 고려를 쳐들어왔어요. 하지만 고려에는 최고의 영웅 **강감찬** 장군과 용감한 고려 백성들이 있었어요. 강감찬 장군에게 두 번이나 크게 패한 거란은 다시는 고려를 쳐들어오지 않았어요. 고려는 **천리장성**을 쌓아 외적이 고려를 넘보지 못하게 했지요. 고려는 한동안 평화롭고 행복했답니다.

강감찬의 귀주 대첩

서희의 외교 담판 이후 고려는 거란과 친하게 지내면서 송나라와도 계속 좋은 관계를 유지했어. 화가 난 거란은 강동 6주를 돌려 줄 것을 요구하며 다시 고려에 쳐들어왔지. 이번에 나선 것은 강감찬 장군이야. 강감찬 장군은 어떻게 거란을 물리쳤을까?

◎ **귀주 대첩**(민족 기록화, 전쟁 기념관)

귀주에서 기다리고 있다가 후퇴하는 거란군을 크게 물리쳤어.

◎ **강감찬 장군 동상**(서울특별시 관악구)

그림을 자세히 보면 하늘에서 시커먼 무언가가 막 쏟아지지? 그건 바로 화살이야. 1019년, 강감찬 장군은 개경(개성) 근처까지 왔다가 후퇴하는 거란군을 귀주 벌판에서 기다리고 있었어. 거란 군대와 막 큰 전투를 벌이는데 갑자기 세찬 비바람이 거란 쪽으로 몰아치기 시작하는 거야. 이때 강감찬 장군이 활을 쏘라고 명령했어. 고려군이 쏜 화살이 거란군 머리 위로 사정 없이 쏟아졌어. 이때 거란의 10만 대군 중 살아 돌아간 사람은 수천 명에 불과했다고 해. 이 전투를 우리는 '귀주 대첩'이라고 부른단다. 어때? 하늘도 고려 편이었던 것 같지?

history Point

1 다음 문제를 풀고, 해당하는 색깔의 벽돌에 답을 써 보세요.

① 고려 전기에 중국 북쪽에서 흩어진 부족을 모아 나라를 세우고 고려에 쳐들어온 민족은?

② 거란의 1차 침입 당시 고려와 거란 사이에 땅을 차지하고 있던 북방 민족은?

③ 거란의 1차 침입 때 고려의 서희가 외교 담판을 벌였던 거란의 장군은?

④ 거란의 3차 침입 때 귀주 대첩을 승리로 이끈 고려의 장군은?

⑤ 거란을 완전히 몰아낸 고려가 북방 민족의 침입에 대비해 북쪽 국경에 쌓은 성은?

2 고려 백성들이 거란의 침입을 물리친 과정에 대해 이야기하고 있어요. 이야기를 따라
가면서 (　　) 안의 알맞은 말을 고르거나 빈칸에 알맞은 말을 써 보세요.

1 고려는 왕건 때부터 거란을 (가까이 , 멀리)하고, 송
나라와 (친하게 , 적대적으로) 지냈잖아. 거란이 10만 대
군을 이끌고 쳐들어왔을 때 정말 무서웠어.

2 맞아. 다른 신하들은 거란에게 땅을 떼어 주고 항복
하자고 했는데, [　　　　] 장군님이 거란과 직접 담판
을 짓겠다고 적진으로 들어가셨잖아.

3 서희 장군님은 거란이 무엇을 원하는지 알고 있었던 것
같아. 거란의 진짜 목적은 고려의 항복을 받아내는 것이 아
니라 고려와 [　　　　] 나라를 떼어 놓는 거였잖아.

4 서희 장군님의 말 한 마디에 거란이 고려 땅에서 물
러가고, 여진이 차지하고 있던 [　　　　　　]
까지 얻어 고려의 영토가 넓어졌지. 말로 칼을 꺾은 서희
장군님, 정말 멋지지 않아?

1 거란이 쳐들어오자, 고려의 왕이 신하들을 모아 놓고 어떻게 해야 할지 대응 방안을 논의하고 있어요. 거란에 항복하자는 신하들의 의견에 서희는 어떤 의견을 내놓았나요?

tip 서희는 거란에게 다른 의도가 있었다는 것을 간파하고 있었어.

거란에게 땅을 넘겨 주고 항복한다고요?

_____

_____

_____

2 서희와 소손녕이 나라의 운명을 걸고 메시지로 회담을 하고 있어요. 서희가 파악한 거란의 진짜 목적은 무엇인지 써 보세요.

tip 거란의 진짜 목적은 송나라를 몰아내고 중국 대륙을 차지하는 거였어.

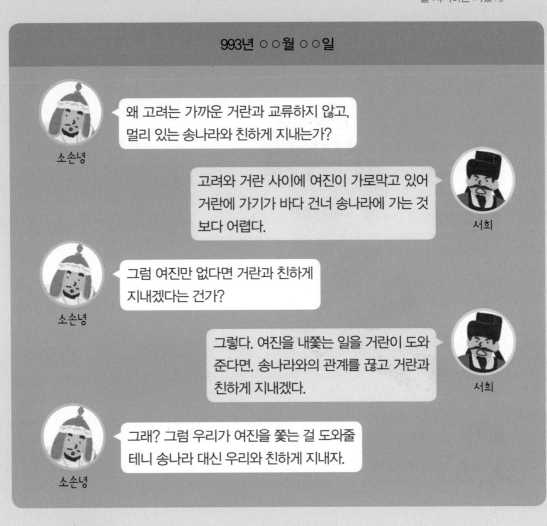

993년 ○○월 ○○일

소손녕: 왜 고려는 가까운 거란과 교류하지 않고, 멀리 있는 송나라와 친하게 지내는가?

서희: 고려와 거란 사이에 여진이 가로막고 있어 거란에 가기가 바다 건너 송나라에 가는 것보다 어렵다.

소손녕: 그럼 여진만 없다면 거란과 친하게 지내겠다는 건가?

서희: 그렇다. 여진을 내쫓는 일을 거란이 도와준다면, 송나라와의 관계를 끊고 거란과 친하게 지내겠다.

소손녕: 그래? 그럼 우리가 여진을 쫓는 걸 도와줄 테니 송나라 대신 우리와 친하게 지내자.

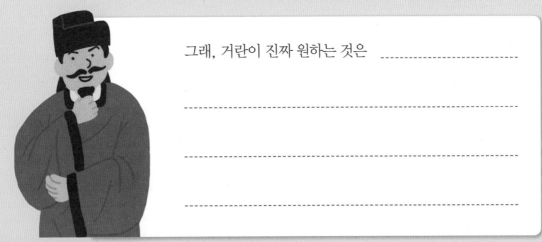

그래, 거란이 진짜 원하는 것은 _____

_____

_____

_____

3 거란 왕은 강동 6주를 고려에게 넘긴 것을 후회했어요. 강동 6
주가 왜 중요한 땅인지 설명해 주세요.

tip 강동 6주는 위치상 거란, 여진, 송나라와 가까운 땅이야.

강동 6주 위치를 좀 봐.
얼마나 중요한 땅이냐고!
이걸 고려에게 넘겨 줬다니,
너무 분하고 억울해!

강동 6주가 왜 그렇게 중요한 땅이냐고?

4 거란이 고려에 쳐들어왔을 때 많은 신하들이 항복하자고 했지만 서희의 외교적 판단력과 용기로 거란을 물러나게 하고 고려를 구했어요. 이런 서희에게 감사 편지를 써 보세요.

tip 서희가 외교 담판을 벌이지 않았다면 고려는 거란에 항복했을 거야.

고려 최고의 외교관, 서희님께

4 푸른 하늘과 바다를 품은 고려청자

이때는 말이야~

5-2 1. 옛사람들의 삶과 문화
② 독창적 문화를 발전시킨 고려

중국의 영향을 받아
고려자기 제작
9~10세기

고려는 중국에 이어 두 번째로
자기를 만들어 썼어. 자기는 유약을 발라
높은 온도에서 구운 그릇이야.

11세기

**독자적인
고려청자 발달**

✿ 청자 참외모양 병

송나라에서
사신 서긍 파견

1123

◉ 청자 칠보 투각 향로

1157

양이정이라는 정자에
청자 기와로 지붕을 덮음.

◉ 청자 상감 운학무늬 매병

상감 청자 발달

12세기

서긍은 고려청자의
푸른 빛깔을 '비색'이라며
높이 평가했대.

고려는 '상감'이라는
독자적인 기법으로 청자에
아름다운 무늬를 새겨 넣었어.

Hi-story

🔑 키워드

벽란도

碧	푸를	벽
瀾	큰 물결	란
渡	건널	도

'푸른 물결이 넘실대는 나루'라는 뜻으로, 고려 시대의 국제 무역항이다. 벽란도는 개경과 가까운 거리에 있던 예성강 하구에 위치해 있었다. 세계 여러 나라에서 온 상인들로 늘 북적거렸다.

개성상인: 고려 때 개경 (개성)을 중심으로 상업과 국제 무역을 담당한 상인 집단이다.

상선: 장사를 하기 위해 사람이나 물건을 싣는 배를 말한다.

나전 칠기: 광채가 나는 조개껍질 조각을 여러 가지 모양으로 박아 넣거나 붙인 공예품이다.

개경: 고려의 도읍으로 정치, 경제, 군사, 문화의 중심지였을 뿐만 아니라 외교와 무역을 이끄는 국제 도시였다.

"흐음, 오랜만에 고려의 바람을 쐬니, 기분이 상쾌하군."

고려 최고의 **개성상인** 선우가 이제 막 **벽란도**에 도착해 배의 닻을 내렸어요. 선우가 이끄는 **상선**에는 송나라에서 가져온 책과 비단, 약재 등이 가득 실려 있었어요.

벽란도는 최고의 무역 항구답게 여러 나라에서 온 사람들로 북적거렸어요. 송나라, 거란, 여진, 일본은 물론이고, 저 멀리 아라비아에서 온 상인들이 자기 나라에서 가져왔거나 다른 나라에 들러 사 온 물건들을 풀어놓고 팔았어요. 벽란도에는 신기한 물건들이 가득했지만, 이곳에서 가장 인기가 많았던 것은 고려의 물건들이었어요.

외국 상인들은 자신들이 가져온 물건이 다 팔리기도 전에 고려의 청자, 인삼, 종이, 먹, **나전 칠기** 등을 사느라 바빴어요.

"서두르게! 해 지기 전에 **개경**(개성)에 도착해야 하니까."

선우가 송나라에서 가져온 물건들을 큰 수레에 싣고, 개경으로 향했어요.

선우는 송나라에서 가져 온 귀한 책과 약재를 전달하기 위해 개경 최고의 부자인 어느 귀족 집을 찾아갔어요.

"어서 오게. 자네를 기다리다가 목이 빠질 뻔 했다네."

귀족의 방은 온갖 귀하고 값비싼 물건들로 장식되어 있었어요. 특히 신비한 푸른 빛을 띠는 고려청자가 방 안 곳곳에 놓여 있어 마치 고려청자 전시장 같았어요. 그 중에서도 가장 눈길을 끈 것은 학과 구름이 새겨져 있는 **상감 청자**였어요. 청자에 새겨진 학은 곧 푸른 하늘로 날아오를 듯 생생한 날갯짓을 하고 있었지요.

일을 마치고 귀족 집을 나왔지만, 선우 머릿속에는 좀 전에 본 상감 청자 생각이 떠나질 않았어요.

선우의 고향은 **강진**인데, 부모님은 어릴 적에 돌아가시고 할아버지 손에서 자랐어요. 선우의 할아버지는 강진에서 손꼽히는 유명한 **도공**이었지요. 선우는 날마다 할아버지를 쫓아다니면서 청자 만드는 일을 배우고 훌륭한 도공이 되겠다는 꿈을 키웠어요.

선우는 갑자기 돌아가신 할아버지가 떠올라 눈에 눈물이 고였어요.

상감 청자

象 모양 상
嵌 새겨 넣을 감
青 푸를 청
瓷 사기그릇 자

그릇에 무늬를 파고, 그 속에 다른 색 흙을 메워 무늬를 내는 기법으로 만든 청자이다.

강진: 고려 때 청자마을로 유명한 곳이다. 흙과 물이 좋아 청자를 생산하기에 좋았다.

도공: 도자기 만드는 일을 직업으로 하는 사람이다.

고려 최고의 청자! 청자 상감 운학무늬 매병일세.

◎ **청자 상감 운학무늬 매병**
(간송 미술관)

점성: 차지고 끈기가 많은 성질을 말한다.

물레: 도자기를 만들 때 쓰는 도구. 돌림판 위에 흙을 놓고 주로 손이나 발을 이용해 회전시켜서 원하는 모양을 만든다.

할아버지는 날마다 새벽에 일어나 도자기 만들 흙을 구하기 위해 집을 나섰어요. 잠이 덜 깬 선우는 언제나 꾸벅꾸벅 졸면서도 할아버지를 따라나섰지요.

"만져 보아라. 이렇게 **점성**이 뛰어나고 철 성분이 적당히 들어가 붉으스름한 흙으로 빚어야 모양도 좋고 고운 빛깔이 나오는 거란다."

할아버지는 정성스레 골라 온 흙을 마당에 쏟은 뒤, 다시 고르고 또 골라 냈어요. 그런 다음에는 발로 꾹꾹 밟아 흙 속에 남아 있던 공기를 빼내고 단단히 반죽을 했지요.

할아버지는 오랜 시간과 정성을 들여 반죽한 흙덩이를 **물레**에 올려놓고 발로 돌려서 도자기 모양을 만들었어요. 물레를 돌릴 때 할아버지한테 말을 걸면 혼이 나요. 온 정신을 집중해서 빚어야지 그렇지 않으면 원하는 모양을 만들 수가 없대요. 그릇 모양이 만들어지면 바람이 잘 통하는 그늘에서 말렸어요.

그런데 선우 할아버지가 왜 강진 최고의 도공인 줄 아세요? 할아버지는 강진에서 상감 청자를 가장 잘 만드셨거든요.

상감 청자를 만드는 과정이야.

1. 흙 반죽하고 다지기

2. 물레를 이용해 그릇 모양 만들기

물레

할아버지는 도자기 표면에 무늬를 새기고, 거기에 흰색이나 붉은 색 등 다른 색 흙으로 메웠어요. 그런 다음 다시 흙을 바르고, 긁어내는 일을 반복했어요.

"할아버지, 왜 그리고 파내고 또 바르고, 긁어내는 거예요?"

"이게 바로 상감 기법이란다. 이 세상에서 고려 도공들만 할 수 있는 귀한 기술이지."

무늬를 새기느라 너무 오래 앉아있어서였을까요? 할아버지의 허리가 더 꼬부라졌어요.

할아버지는 그릇들을 하나하나 정성껏 그늘로 옮겨 말렸어요. 다 마른 그릇들은 조심조심 **가마** 안에 넣고 아궁이에 불을 지폈어요.

"할아버지, 가마는 왜 진흙으로 짓는 거예요?"

"진흙 가마는 바깥 공기를 완전히 막아서 온도나 공기 조절을 하기에 좋단다."

할아버지는 정말 도자기에 관해서라면 모르는 게 없었어요.

★ 참고 자료

순청자와 상감 청자: 고려 전기에는 무늬가 없는 순청자가 발달하였고, 고려 후기로 갈수록 상감 청자가 발달하였다.

순청자	상감 청자

◎ 청자 참외모양 병 (국립 중앙 박물관) ◎ 청자 상감 모란무늬 항아리(국립 중앙 박물관)

가마: 도자기를 구워 내는 시설이다. 벽돌이나 진흙으로 터널이나 동굴처럼 만들어서 도자기를 넣고 불을 때 높은 온도로 구웠다.

초벌구이: 자기에 유약을 바르지 않고 낮은 온도로 굽는 것을 말한다.

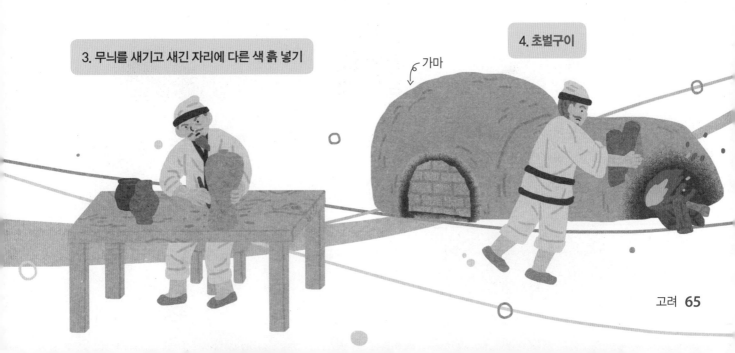

3. 무늬를 새기고 새긴 자리에 다른 색 흙 넣기

4. 초벌구이

가마

유약

釉 광택 유 **유**

藥 약 약 **약**

도자기를 구울 때 겉면에 바르는 잿물로, 도자기에 액체나 기체가 스며들지 못하게 하며 겉면에 광택이 나게 한다.

★ 참고 자료

고려청자를 만드는 높은 열의 비밀: 청자를 만들려면 높은 온도를 일정하게 유지하는 기술이 필요했다. 고려는 가마 만드는 기술과 불을 다루는 기술이 발달해 세계 최고의 청자를 만들 수 있었다.

티끌: 티나 먼지를 말한다.

마침구이: 초벌구이한 자기에 유약을 발라서 높은 온도로 굽는 것을 말한다.

도자기를 구웠다고 끝난 게 아니에요. 도자기를 한 번 구운 다음에는 **유약**을 발라야 해요. 하늘과 바다 빛을 닮은 신비한 푸른 빛깔을 내려면 유약을 바르는 과정이 정말 중요하거든요. 유약은 얇게 발라야 하기 때문에 할아버지는 유약 통에 도자기를 넣어 골고루 묻힌 다음, 얼른 **빼냈어요.**

마지막으로 한 번 더 구워 내야 멋진 도자기가 완성돼요. 할아버지는 정성을 들여 천천히 오랫동안 불을 지폈어요. 스무 시간 정도 불을 때면 1200도 이상의 높은 열이 유지되거든요.

한참을 기다린 끝에 드디어 가마에서 도자기가 나왔어요. 할아버지가 가마에서 꺼낸 도자기는 그 어떤 금은보화보다도 더 아름다웠어요. 흙덩이가 아름다운 그릇으로 새 생명을 얻은 것이지요.

"쨍그랑!"

바로 이 순간이 선우에게는 가장 안타까운 시간이에요. 할아버지는 가마에서 꺼낸 청자를 이리저리 살펴보고 **티끌**이나 흠이 있는 것은 와장창 깨부수었어요. 그때마다 선우 마음도 와장창 깨지는 것 같았어요.

5. 유약 바르기

6. 마침구이

만신창이: 온몸에 성한 데가 없이 상처를 입거나 다치는 것을 뜻한다.

그나저나 할아버지가 강진 최고의 도공이었다면 선우 집은 어마어마한 부자였을 거라고요? 천만에요. 선우네 집은 무척 가난했어요. 도자기가 만들어지는 대로 관리와 귀족들이 몽땅 가져갔으니까요.

"네 이놈! 감히 청자를 빼돌려 팔아먹었겠다?"

어느 날 갑자기 선우 집으로 군사들이 들이닥쳐 할아버지를 잡아갔어요. 뭐라고 변명할 겨를도 없이 막무가내로 할아버지를 끌고 갔어요. 며칠 뒤, 할아버지는 **만신창이**가 되어 집으로 돌아왔지요.

며칠째 누워만 계시던 할아버지가 선우를 가까이 불렀어요.

"선우야, 네 곁을 떠나기 전에 꼭 주고 싶은 것이 있다."

간신히 몸을 일으킨 할아버지는 깊숙이 감추어 둔 청자 사발 하나를 꺼내 선우에게 주었어요.

"이건 널 위해 따로 만들어 놓은 것이란다. 이 청자는 무늬도 없고, 모양도 화려하진 않지만 무엇으로 사용되느냐에 따라 그 가치가 달라질 거야. 우리 선우처럼 말이다."

시름시름 앓던 할아버지는 그 다음 날 하늘나라로 떠나셨어요.

장례: 죽은 사람의 시신
을 처리하는 과정과 절
차를 말한다.

출항: 배가 항구를 떠나
가는 것을 뜻한다.

'나는 최고의 청자를 만드는 대신, 청자의 아름다움을 세계 곳곳에 알리는 상인이 될 거야. 꼭 성공해서 하늘에 계신 할아버지를 기쁘게 해 드리겠어.'

선우는 할아버지의 **장례**를 치른 뒤, 청자 사발을 품고 벽란도로 왔어요. 처음에는 벽란도에서 잔심부름과 짐 나르는 일을 했어요. 틈틈이 중국, 일본 말도 열심히 익혔어요. 그러던 중 한 개성상인의 도움으로 선우는 장사를 배웠고, 온갖 고생 끝에 고려에서 가장 유명한 개성상인이 되었어요.

개경에서 벽란도로 돌아온 선우가 송나라에 팔 물건들을 샀어요.

"인삼은 코리아가 최고! 나 인삼 많이 필요해!"

아라비아 상인의 목소리가 들려오네요. 아라비아 상인들은 '고려'를 '코리아'로 발음했어요. 그들 덕분에 고려가 '코리아'라는 이름으로 서양에 알려져 유명해졌어요.

"닻을 올리고 **출항** 준비를 서둘러라!"

드디어 선우의 배가 푸른 바다를 향해 나아갔어요. 고래 같은 파도를 거뜬히 뛰어넘으며 선우는 세계를 향해 출발했어요.

고려 명품은 바로 나야 나!

벽란도에서 가장 인기가 좋았던 물건은 뭐니뭐니해도 고려 물건들이었어. 고려청자는 물론이고, 고려 인삼과 나전 칠기, 먹과 종이의 인기는 정말 어마어마했어. 고려의 명품으로 대접 받은 물건들이 앞다투어 자기가 최고라고 나서네. 그렇다면 인기 투표 한번 해 볼까?

후보① | 고려 인삼

고려 인삼은 건강에 최고야! 세계적으로 효능이 검증되었지. 고려 인삼을 먹으면 기운이 생기고, 기억력도 좋아져. 그 뿐이야? 면역력을 높여 줘서 병에도 잘 안 걸리게 해 주지!

후보② | 고려 나전 칠기

나전 칠기는 옻칠한 나무에 조개껍데기를 붙여 만든 거야. 송나라에서 온 사신 서긍은 나를 보고 홀딱 반해서 "나전 칠기의 기법이 매우 정교하고, 그 세밀함이 가히 귀하다."라고 말하기도 했어.

후보③ | 고려 먹

먹은 고체로 된 검은 물감이야. 벼루에 물을 조금 넣고 먹을 갈아서 쓰지. 멋진 글과 그림을 그리려면, 뭐니뭐니해도 먹이 좋아야 해. 고려의 먹은 깊은 빛깔의 검은색을 내고, 종이에 잘 스며들어 오랜 시간이 지나도 변하지 않았어.

후보④ | 고려 종이

고려 종이는 종이를 발명한 중국에서도 최고 인기를 끌었어. "고려 종이의 빛깔은 비단처럼 하얗고, 질기기는 명주 같아서 먹이 잘 받으니, 중국에 없는 기이한 물건이다."라고 할 정도였지!

1 고려의 자랑거리에 대한 설명이에요. □에 들어갈 알맞은 낱말을 써 보고, 퍼즐에서 찾아 ◯로 묶으세요.

❶ '푸른 물결이 넘실대는 나루'라는 뜻의 ☐☐☐은/는 개경(개성)에서 가까운 국제 무역항이었어요.

❷ 고려청자 중에서도 상감 기법을 사용해서 만든 ☐☐☐☐은/는 고려만의 자랑이에요.

❸ 고려청자가 아름다운 푸른 빛깔을 띠는 까닭은 ☐☐을/를 발라 다시 굽기 때문이에요.

❹ 옻칠한 나무에 조개껍데기를 이어 붙인 ☐☐☐은/는 정말 아름다워요.

고	먹	인	나	전	칠	기
려	벽	삼	유	아	다	본
개	란	종	약	버	군	사
성	도	상	감	청	자	경

2 고려청자를 만들기 위해 꼭 필요한 것을 바르게 말한 친구를 모두 고르세요.

철 성분이 적당히 들어간 고운 흙 — 지애

불을 다루는 기술 — 형준

유약을 얇게 펴 바르는 기술 — 소라

인심이 좋은 이웃 사람들 — 서우

넓은 평야 — 시윤

3 상감 청자는 어떻게 만들까요? 만드는 순서대로 번호를 써 보세요.

초벌구이

가마에 흙으로 빚은 도자기를 넣고, 700도 정도의 낮은 온도에서 굽는다.

흙 반죽하기

흙 속에 공기가 남아 있지 않도록 발로 꾹꾹 밟아 단단히 반죽을 한다.

무늬 새기기

그릇에 그림을 그리고, 조각칼로 파낸 다음, 흰색이나 붉은색 흙을 바르고 긁어낸다.

마침구이

유약을 바른 다음, 1200도 정도의 높은 온도에서 다시 굽는다. 이때 공기가 들어가지 않도록 조심한다.

유약 바르기

한 번 구운 도자기에 유약을 바른다. 유약을 얇게 발라야 투명하고 아름다운 광택이 난다.

그릇 빚기

반죽한 흙덩이를 물레에 올려놓고 발로 물레를 돌리면서 원하는 모양의 그릇을 만든다.

Talk history

1 벽란도는 어떤 곳이었을까요? 다음 자료를 보고, 물음에 답해 보세요.

tip 지도에서 벽란도의 위치를 찾아봐.

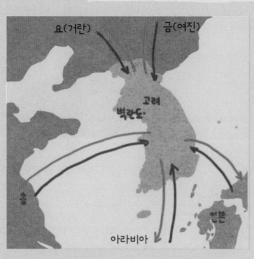

○ 고려의 대외 교류

고려 예성강 하구의 벽란도는 송나라, 거란, 여진, 일본은 물론, 저 멀리 아라비아의 배들도 들어오는 세계적인 무역 항구였어요. 여러 나라에서 온 상인들은 자신들이 가져온 물건을 팔기도 하고, 고려의 물건을 사가기도 했지요.

고려는 벽란도를 통해 종이, 먹, 고려 인삼, 나전 칠기, 고려청자 등을 수출했어요.

❶ 고려 때 벽란도에는 어느 나라에서 온 상인들이 물건을 사고팔았나요?

----

❷ 벽란도에 왔다 간 아라비아 상인들은 고려를 어떻게 불렀나요?

----

❸ 벽란도를 통해 고려는 어떤 나라라는 생각이 드나요?

----

2 고려 시대 토기와 청자를 비교해 보고 토기와 고려청자의 차이점, 고려청자를 보고 느낀 점을 각각 써 보세요.

tip 진흙으로 빚어 바로 구운 그릇과 유약을 발라 구운 그릇은 어떤 차이가 있을까?

토기	고려 청자

◎ 조롱박 모양 병, 단지(국립 중앙 박물관)

◎ 청자 참외 모양 병, 청자 상감 모란문 표주박모양 주전자(국립 중앙 박물관)

토기는 진흙으로 빚어 유약을 바르지 않고 비교적 낮은 온도에서 구운 그릇이에요. 토기는 주로 서민들이 사용했는데, 대부분 문양이 없거나 모양이 단순한 것이 특징이에요.

청자는 진흙으로 빚어 유약을 바르고 높은 온도로 구워 광택과 푸른 빛깔을 내는 그릇이에요. 고려청자는 주전자, 연적,* 접시, 베개 등 귀족들이 주로 일상생활 도구로 사용했어요.

*연적: 벼루에 먹을 갈 때 쓰는 도구.

1 토기와 고려청자의 차이점

----

2 고려청자를 보고 느낀 점

----

3 고려청자는 고려 귀족들의 세련된 문화를 대표하는 문화재예요. 다음 청자는 어떤 용도로 쓰였을지 생각해 보고, 보기에서 골라 써 보세요.

tip 모양을 잘 살펴보면 쓰임을 알 수 있어.

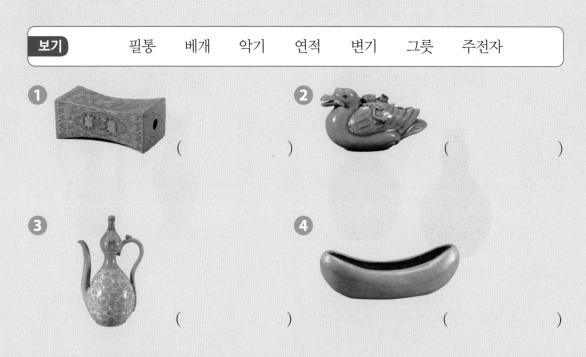

| 보기 | 필통 | 베개 | 악기 | 연적 | 변기 | 그릇 | 주전자 |

❶ (   )

❷ (   )

❸ (   )

❹ (   )

4 도자기 이름에는 종류, 만든 기법, 무늬, 쓰임이 나타나 있어요. 왼쪽 설명을 참고해 오른쪽 청자의 이름을 써 보세요.

tip 종류, 만든 기법, 무늬, 용도를 순서대로 생각해 봐.

- **종류**: 청자
- **만든 기법**: 투각*
- **무늬**: 고리문
- **용도 또는 형태**: 의자

*투각: 구멍을 뚫어서 만드는 기법

이름: 청자 투각 고리문 의자

❶ 종류: _____

❷ 만든 기법: _____

❸ 무늬: _____

❹ 용도 또는 형태: _____

❺ 이름:

5 고려의 인기 수출품 광고지를 만들려고 해요. 수출품 중 하나를 선택하고 제목, 그림, 광고 문구가 들어간 광고지를 만들어 보세요.

tip 고려의 인기 수출품에는 고려청자, 고려 인삼, 나전 칠기, 고려 먹, 고려 종이 등이 있었어.

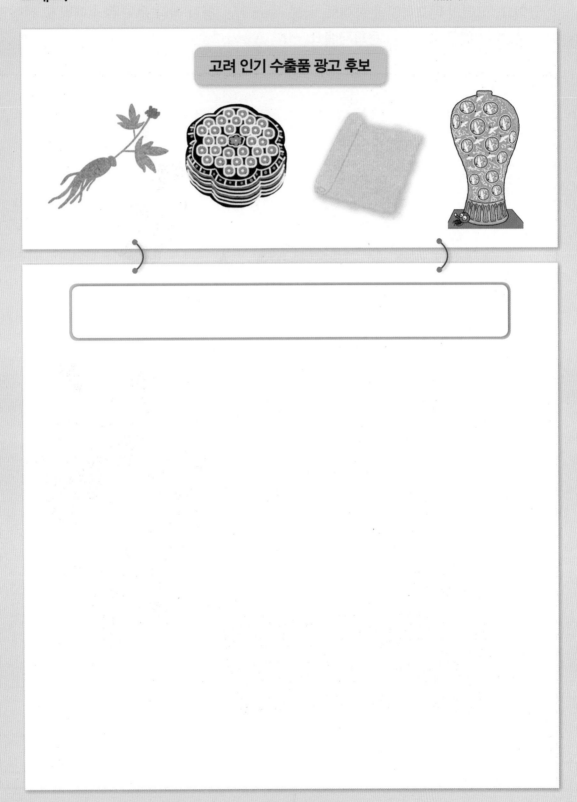

✿ 일제 강점기에 간송 전형필은 개인 재산으로 문화재를 사들여 일본의 문화재 수탈을 막았어요. 고려의 대표적인 문화재로, 국보 제68호인 '청자 상감 운학무늬 매병'도 전형필이 지켜 낸 대표적인 우리 문화재예요.

청자 상감 운학무늬 매병

✿ 오른쪽 '청자 상감 운학무늬 매병'은 정교하게 모방한 위조 문화재로 진짜와 구분하기 어려울 정도예요. 하지만 우리는 기적의 문화재 수사대! 두 눈을 크게 뜨고 틀린 부분 다섯 군데를 찾아보세요.

▶ 정답은 〈가이드북〉 14쪽에 있어요.

5 무신들의 세상이 오다

이때는 말이야~

5-2 1. 옛사람들의 삶과 문화
② 독창적 문화를 발전시킨 고려

무신은 지금의
군인을 말해.
무신들이 정변을 일으켜
정권을 장악했어!

김부식,
『삼국사기』 편찬
1145

◑ 삼국사기

1170

무신정변

정중부 집권
1174

최씨 정권이
4대 60여 년에 걸쳐
정권을 장악했어.

만적의 봉기

1198

1196

최충헌 집권

노비 만적이
신분 해방을 부르짖으며
봉기했어.

1231

몽골의 1차 침입

🔑 키워드

무신

武 굳셀 **무**

臣 신하 **신**

신하 가운데 군에서 일하는 사람들로, 문신에 상대되는 벼슬이다.

정중부: 고려 때 무신으로 무신정변을 일으킨 대표적인 장군이다.

★ 참고 자료

고려 문신과 무신: 후삼국 통일 이후, 고려는 문신이 정치를 주도하였다. 무신은 최고 관직에는 오를 수 없었고, 군대의 최고 지휘권도 문신이 차지하였다. 이런 차별 속에서 무신들의 불만이 쌓여 갔다.

주도: 주동적인 입장이 되어 이끄는 것이다.

지금부터 누군가의 일기장을 훔쳐보려고 해요.

일기장 주인은 바로 황만수예요. 황만수가 누구냐고요? 고려에 살았을 법한 가상의 인물인데, 그를 통해 **무신**이 다스리던 고려의 모습을 살펴볼 거예요.

황만수의 집안은 대대로 무신을 배출한 가문으로 유명해요. 황만수의 형은 어릴 때부터 활을 잘 쏘고 말도 잘 타서 모두들 장군감이라고 칭찬했어요. 나중에 정말 무신이 되어, **정중부** 장군의 부하가 되었어요. 하지만 몸집이 작고 힘도 약한 황만수는 왕의 시종이 되었지요.

황만수는 언제나 형을 걱정했어요. 당시 고려에서 무신으로 사는 것은 힘든 일이었으니까요.

전쟁이 잦았을 때는 무신들에 대한 대우가 좋았어요. 하지만 오랫동안 전쟁이 없고, 문신에게 차별받으면서 무신들의 처지가 가엾어졌지요.

문신들은 정치를 **주도**하며 대대로 부와 권력을 물려 주었어요. 문신들의 힘은 점점 커졌지요. 개경(개성)에서 내로라하는 어느 문신 귀족 집에는 사방에서 음식 뇌물이 들어와 항상 엄청난 고기가 썩어 나갈 지경이었어요.

무신들이 설 자리는 줄어들었어요. 왕은 이런 상황을 다 알면서도 전혀 나라를 돌볼 생각을 하지 않으니 정말 하루하루가 걱정이에요.

자, 이제 진짜 황만수의 일기장을 펼쳐 볼 거예요. 어쩌면 조금 무서운 이야기가 될 수도 있으니까 마음의 준비를 단단히 해 주세요.

연회장: 잔치를 여는 곳을 뜻한다.

경호: 위험한 일이 일어나지 않도록 미리 조심하고 보호하는 것을 말한다.

조롱: 비웃거나 깔보면서 놀리는 것을 말한다.

1170년 5월 ◯일

지금 나라 꼴은 엉망진창이다.

왕(의종)은 나랏일은 나 몰라라 한 채, 문신들을 거느리고 경치 좋은 곳에서 잔치를 벌이며 노는 데에만 정신이 팔려 있다. 권력을 잡은 문신들이 백성들의 땅을 빼앗고 괴롭히는데, 왕은 백성들에게 잔치에 쓰일 세금을 거두고, 연회장을 짓게 한다. 백성들의 분노가 언제 터질지 알 수 없다.

무신들도 곧 폭발할 듯 불안하다. 왕이 문신들과 어울려 먹고 마시고 노는 동안 무신들은 먹지도, 자지도 못한 채 그들을 경호한다. 그뿐만이 아니다. 한참 놀다가 심심해지면 왕과 문신들은 무신들에게 대결을 시킨다. 무신들이 겨루는 것을 구경하면서 깔깔 웃고, 구경거리가 성에 차지 않으면 무신들을 조롱하기도 한다. 나는 그때마다 형의 얼굴을 살피는데, 형의 두 눈이 분노로 빨개져 있곤 한다.

요즘 형은 혼잣말인 듯 이제 더 이상 못 참을 것 같다고 중얼거리는데, 그 말을 듣고 나면 가슴이 철렁 내려앉는다.

맨날 잔치에 불려 나와 보초나 서다니!

수박희

手 손 **수**
搏 때릴 **박**
戲 놀 **희**

주로 손을 써서 겨루는 무술 시합으로, 고구려 때부터 즐겨 했다. 의종이 보현원으로 놀러 가던 중에 벌인 수박희는 나중에 무신 정변이 일어나는 직접적인 계기가 되었다.

기권: 경기 등에서 싸울 권리를 스스로 포기하는 것이다.

★ 참고 자료

품계: 고려와 조선에서 관리들의 등급을 나눈 제도이다. 1품~9품으로 나누고 다시 정과 종으로 나뉘어 총 18등급으로 구분되었다. 숫자가 낮을수록, 종보다 정이 더 높은 등급을 나타낸다.

1170년 8월 ○일

오늘도 왕은 문신들을 거느리고 궁궐 밖 나들이에 나섰다. 사건은 보현원으로 가던 길에 오문이란 곳에서 발생했다.

"이곳은 군사 훈련을 시키기에 아주 좋은 곳이로구나! 무신들은 수박희를 펼쳐 보이거라."

왕의 명령이 떨어지자, 나이 많은 무신 이소응과 젊은 무신이 겨루었다. 이소응이 젊은 무신을 당해 내지 못하고 힘이 부쳐 기권을 했다. 그러자 젊은 문신 하나가 이소응의 뺨을 때려 이소응이 자빠졌다. 왕과 문신들은 이 모습을 보고 손뼉을 치면서 배를 움켜 잡고 깔깔 웃어 댔다. 그때 정중부 장군이 앞으로 썩 나서며 큰 소리로 호통을 쳤다.

"이소응은 대장군으로 벼슬이 종3품인데, 종5품밖에 안 되는 젊은 문신이 어찌 이런 심한 모욕을 주는가!"

그제서야 왕이 정중부 장군을 달래어 겨우 수습이 되었다. 만약 왕이 말리지 않았다면, …… 생각만 해도 끔직하다.

한바탕 소동이 끝난 후에 만난 형은 내게 스치듯이 말했다.

"때가 된 듯하니, 오늘 밤 몸을 조심하거라."

1170년 9월 ◯일

　아직도 그 날 밤에 벌어졌던 끔찍한 일이 잊혀지지 않는다. 왕은 정중부의 화가 누그러졌다고 생각했지만, 그것은 잘못된 판단이었다. 무신들의 분노는 좀처럼 수그러들지 않았다. 그 동안 겪은 차별만도 분한데 수박희 경기 때 벌어진 수모까지 더해져 드디어 폭발하였다.

　젊은 무신들은 정중부에게 반란을 일으키자고 부추겼고, 그는 오랜 고민 끝에 무신들의 세상을 열기로 결심했다. 그리고 그 날 밤, 왕을 모시고 들어갔던 문신들이 보현원을 막 나올 때, 정중부의 명령이 떨어졌다.

　"문신들은 가리지 말고 모두 죽여라!"

　무신들은 닥치는 대로 문신들을 죽였다. 곧 보현원 문 앞에 문신들의 시체가 쌓였다. 무신들은 곧바로 궁궐이 있는 개경으로 달려가 문신들을 찾아내어 죽였다. 문신 수백 명이 목숨을 잃었고, 드디어 무신들의 세상이 열렸다. 문신들과 잔치를 벌이던 철없는 왕은 거제도로 **귀양**을 갔고, 무신들은 허수아비 왕을 세웠다(**무신정변**).

　앞으로 이 나라는 어찌 될 것인가! 기대보다 두려운 마음이 더 큰 건 왜일까?

무신정변

武	굳셀 **무**
臣	신하 **신**
政	정치 **정**
變	고칠 **변**

고려 때 중·하급 무신들은 문신들에 비해 심한 차별 대우를 받았다. 의종 때 무신들의 분노가 폭발해 정변을 일으켰다. 무신들은 문신들을 제거하고 새 왕을 세운 뒤 정권을 잡았다.

반란: 정부나 지배자에 저항해 난을 일으키는 것을 말한다.

귀양: 고려나 조선 시대에 죄인을 먼 곳으로 보내던 형벌이다.

문신은 하나도 남기지 말고 없애라!

1184년 5월 ◯일

무신정변이 성공한 후, 형은 벼슬을 접고 시골로 내려갔다.

나는 시간이 좀 지난 뒤 형을 찾아가 왜 그런 선택을 했는지 물었다. 형은 자신도 무신이지만, 지금 무신들이 벌이는 일들이 정말 부끄럽다고 했다.

나도 형과 생각이 같았기에 굳이 형에게 다시 돌아가자고 하지 않았다.

14년 전, 무신들의 난이 성공할 수 있었던 것은 백성들이 무신들을 지지해 주었기 때문이다. 무신들은 백성을 괴롭히는 문신들을 벌하기 위해 정변을 일으킨 것이라고 했고, 그 덕분에 아무런 저항도 받지 않고 권력을 잡았다.

그런데 힘을 얻은 무신들은 나라를 안정시키는 일에는 관심이 없었다. 문신들의 재산을 모조리 차지하고, 백성들에게 세금을 올려 거두었다. 백성들의 집과 땅도 닥치는 대로 빼앗아 백성들은 오히려 문신들이 다스리던 때가 나았다며 혀를 내둘렀다.

어디 그뿐인가! 무신들은 서로 권력을 차지하기 위해 다툼을 벌여 서로 죽고 죽이는 일이 계속되었다. 아마 형도 시골로 내려가지 않았다면, 죽임을 당했을지도 모른다. 무신들 간의 권력 다툼으로 벌써 몇 명이나 죽고 죽였는지 모른다. 나라의 혼란이 더욱 심해지니, 한숨이 절로 나온다.

정권을 차지하기 위해 무신들끼리 서로 죽고 죽이는 상황이 벌어졌어.

1219년 9월 ◯일

어느덧 내 나이 일흔 한 살이 되었다. 그 동안 나라의 혼란은 계속되었고, 모질고 험한 일을 하도 많이 겪어 몸도 마음도 쇠약해졌다. 시골로 내려간 형은 40여 년을 더 살다가 세상을 떠났다. 얼마 전 나도 임금에게 하직을 청하고 형이 살던 시골로 내려왔다.

오늘따라 까마귀가 요란하게 울어댄다. 내게도 곧 죽음이 다가올 모양이다. 하긴, 오늘 나의 동갑내기이자 고려 최고 권력자였던 최충헌이 저세상으로 떠났다. 오랜만에 일기장을 펼친 김에 최충헌에 대한 이야기를 남겨 두는 것도 좋겠다.

무신들의 권력 다툼에서 최종 승리자가 된 최충헌은 욕심이 많은 사람이었다. 그는 나라의 벼슬을 뇌물을 받고 팔았고, 왕도 마음에 들지 않으면 제멋대로 갈아 치웠다. 백성들의 집 수백 채를 헐어 호화 주택을 지었고, 땅을 빼앗아 대규모 농장을 만들었다. 그리고 죽는 날까지 자신의 권력이 영원하기를 바라며 아들에게 정권을 물려주었다.

인간의 탐욕이란 얼마나 무서운 것인가!

하직: 무슨 일을 그만두는 것이다.

⭐ **참고 자료**

최씨 무신 정권: 무신정변 이후 무신들은 나라의 안정에는 관심을 두지 않고 자신들의 권력에만 매달려 권력 다툼을 벌였다. 최충헌이 이의민을 죽이고 최고 권력자가 되어 아들 최우에게 권력을 물려주었다. 그 후 최항, 최의에 이르기까지 4대 60년간 권력을 누렸다.

우리 최씨 집안이 대대로 권력을 누리리!

★ 참고 자료

무신들이 집권할 시기 백성들의 봉기: 무신들이 집권하면서 백성들은 더욱 살기가 어려워졌다. 무신들은 불안한 권력을 지키기 위해 개인 군대를 두고 더 많은 세금을 거두었다. 이에 불만이 폭발한 백성들은 전국 곳곳에서 봉기하였다.

도적: 남의 물건을 훔치거나 빼앗는 짓을 하는 사람을 말한다.

이제 그만 황만수의 일기장을 덮어야겠어요. 이 일기를 마지막으로 남기고 황만수는 하늘나라로 갔으니까요.

그 후의 일이 궁금하다고요? 최충헌의 아들은 다시 아들에게, 그 아들은 또 자신의 아들에게 권력을 물려주어 최씨 정권은 4대 60여 년 동안 6명의 왕을 바꾸어 가며 나라를 다스렸어요.

최씨 정권은 자신들의 욕심을 채우는 데 몰두하느라 나라와 백성을 전혀 돌보지 않았어요. 더욱 살기 힘들어진 백성들은 고향을 떠나 떠돌다가 **도적**이 되기도 했지요. 개경에서는 만적이라는 노비가 신분 해방을 외치며 봉기하기도 했어요.

당시 북쪽의 몽골에서는 칭기즈 칸이라는 영웅이 나타나 아시아는 물론 유럽까지 정복해 큰 제국으로 성장했어요. 몽골은 때때로 고려를 침략하겠다고 위협했지만, 최씨 정권은 권력을 지키는 데에만 몰두하느라 전쟁에 대한 아무런 준비도 하지 않았어요. 그 후, 몽골이 고려를 침입했는데, 최씨 정권은 백성을 버리고 강화도로 도망가서 호화로운 생활을 이어나갔어요.

아, 너무 슬프고 가슴이 답답하네요. 아무래도 그 후의 이야기는 다음으로 미루어야겠어요.

⊙ **고려 궁궐터**(인천 광역시 강화군)

무덤에서도 문신이 더 높은 자리에

이곳은 현재 북한의 개성에 있는 고려 제31대 왕인 공민왕의 무덤 앞이야. 머리에 관을 쓴 문신상과 칼을 찬 무신상이 보이지? 왕들은 죽은 뒤에도 문신과 무신의 호위를 받기 위해 무덤 앞에 돌로 만든 신하들을 세웠어. 그런데 좀 이상하지 않아? 문신상은 왕의 무덤과 가까운 윗단에 있고, 무신상은 그 아랫단에 서 있잖아. 이 사진만 봐도 문신과 무신 사이에 차별이 있었다는 게 느껴지지?

⊙ 공민왕과 노국 공주의 무덤 앞 문신상(윗단)과 무신상(아랫단). (경기 개성)

고려의 무신들은 문신들에 비해 차별을 받았어. 무신이 오를 수 있는 가장 높은 관직은 정3품 상장군이었어. 하지만 무신의 으뜸이라 하더라도 군대 전체의 지휘관이 될 수는 없었지. 전쟁을 총 지휘하는 사람은 문신이었어. 우리가 아는 서희, 강감찬 장군도 모두 문신이었지. 무신들은 군대에서 일하는 대가로 땅을 받았는데 하급 군인에게는 토지도 제대로 지급되지 않았어. 계급이 낮은 하급 군인들은 정부가 시행하는 여러 공사에도 불려 나갔기 때문에 불만이 더 많았지.

1 고려는 문신과 무신을 어떻게 대했을까요? 다음은 무신정변이 있기 전 고려 관리들의 지위를 나타낸 것이에요. 보기 에서 알맞은 신분을 찾아 써 보세요.

보기   무신   문신   하급 군인

2 고려 시대를 배경으로 한 역사 드라마를 제작하려고 해요. 다음 기획안을 보고 어떤 역사적 사건을 다루려는지 써 보세요.

〈역사 드라마 기획안〉

고려 무신들, 폭발하다

• 역사적 사건:

• 기획 의도: 문신 위주의 정치 상황 속에서 무신들의 불만이 어떻게 터져 나왔는지 살펴보고, 그 속에서 역사적 교훈을 얻고자 함.

• 구성
- 1부: 고려 무신들의 처지
- 2부: 보현원 가는 길에 열린 수박희 경기

2 고려 무신들이 정변을 일으켜 정권을 잡았어요. 무신정변 과정을 생각하며, 답이 ○인 것을 따라 길을 찾아 가 보세요.

1 고려 전기에 무신들은 차별받고 문신들의 멸시를 받기도 했어요. 정중부도 젊은 문신에게 놀림을 당했던 적이 있어요. 다음 상황을 보고 당시 두 사람의 마음을 짐작하여 써 보세요.

> **tip** 무신들이 문신들에 비해 차별 대우를 받고 있던 상황에서 나이도 어리고 관직도 낮은 문신이 장군을 놀린 사건이야.

정중부 수염이 태워진 사건

고려 인종 때 궁궐 뜰에서 귀신을 쫓기 위한 의식이 있던 날 밤이었다. 고려 최고의 권력자이자 학자였던 김부식의 아들, 김돈중이 정중부의 수염을 불태운 사건이 발생했다. 김돈중이 갑자기 촛불을 정중부의 얼굴에 들이대는 바람에 정중부의 수염이 타버렸다. 정중부는 39살의 무신이었고, 김돈중은 정중부에 비해 나이도 어리고 관직도 낮은 문신이었다. 놀란 정중부는 김돈중을 때렸고, 이를 안 김부식은 잘못한 아들을 꾸짖지 않고 오히려 정중부를 벌해 달라고 왕께 부탁했다.

① _____

_____

_____

② _____

_____

_____

정중부

김돈중

2 다음은 의종이 보현원으로 가던 중 수박희 경기를 벌였을 때 있었던 일이에요. 이 모습을 본 무신들의 속마음은 어떠했을까요?

2일차

tip 무신들은 자신들을 무시하는 왕과 문신들의 태도에 분노했어.

3 무신들은 정변을 일으켜 의종 대신 허수아비 왕을 세웠어요. 왕이 마음에 들지 않으면 바꿔 버리기도 했지요. 무신들이 세운 꼭두각시 왕과 문신들의 속마음은 어땠을까요?

tip 무신정변 이후, 누가 나랏일을 좌지우지했는지 생각해 봐.

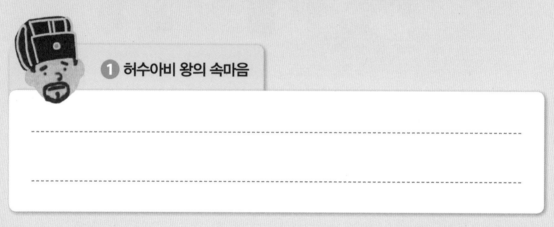

① 허수아비 왕의 속마음

② 문신들의 속마음

4 문신 귀족들의 횡포에 지친 백성들은 무신들을 응원했지만, 무신 정변으로 권력을 잡은 무신들은 백성들의 삶을 안정시키는 데 관심이 없었어요. 당시 고려 백성이 되어 인터뷰한 내용을 써 보세요.

tip 문신들의 수탈에 지친 백성들은 무신들에 대한 기대가 컸어. 하지만 정권을 잡은 무신들은 기대와 달랐어.

한역사 앵커입니다.

무신정변은 백성들의 지지 덕분에 성공할 수 있었습니다. 백성들은 문신들에게 차별받던 무신들이 권력을 잡으면, 백성들을 위한 정치를 펼칠 거라고 기대하며 무신들을 지지했는데요. 무신들은 정권을 잡자마자 백성들의 기대를 저버리고, 백성들의 땅과 집을 빼앗는 등 더 큰 횡포를 부려 백성들의 원망을 사고 있습니다.

그럼 직접 고려 백성들을 만나 지금 심정이 어떤지 이야기를 들어 보도록 하겠습니다.

고려

6 고려, 몽골의 자존심을 꺾다

이때는 말이야~

5-2 1. 옛사람들의 삶과 문화
② 독창적 문화를 발전시킨 고려

몽골이 두 번째로
쳐들어오자 김윤후와 처인성
백성들이 몽골군을 물리쳤어!

몽골 사신,
고려 국경에서 피살
1225

몽골의 2차 침입,
처인성 전투,
강화도 천도
1232

고려에 왔던 몽골
사신이 피살되었으니
이를 구실로 몽골이
가만있지 않았겠군.

1231

몽골의 1차 침입

부처의 힘으로 몽골의
침략을 물리치기 위해
팔만대장경을 만들었지!

나, 김윤후가
노비 문서를 불태우며
충주성 백성들의
사기를 높였어.

충주성 전투

1253

1236

팔만대장경 간행(~1251)

1270

개경 환도,
삼별초의 항쟁(~1273)

정부는 개경으로
돌아왔는데 삼별초는
항쟁을 이어갔구나!

◉ 팔만대장경판

🔑 키워드

강화

講 강론할 **강**

和 화목할 **화**

전쟁을 하던 두 나라가 전투를 그치고 조약을 맺어 평화를 회복하는 것이다. 고려는 몽골의 1차 침입 때 개경을 잃을 위기에 처하자 몽골에 강화를 요구했다.

몽골: 중국 북쪽의 넓은 초원에 살던 민족이다. 어릴 때부터 말과 함께 생활했기 때문에 말을 아주 잘 탔다.

최씨 무신 정권: 무신정변이 성공한 후, 권력 다툼 끝에 최충헌이 정권을 잡았다. 권력 승계를 통해 최충헌과 그의 자손들이 4대 60여 년간 고려의 정권을 독차지했다.

조공: 한 나라가 다른 나라에 재물을 바치는 일을 말한다.

바람도령과 구름도령은 아주 오래 전부터 산 좋고 물 좋은 고려 땅에 살고 있었어요.

그런데 이게 무슨 일일까요? 1231년, **몽골**이 대규모의 군사를 이끌고 고려 땅을 침입한 거예요.

"몽골 사신이 고려에 왔다 돌아가던 길에 의문의 살해를 당했는데, 몽골이 고려에 책임이 있다며 쳐들어왔대. 정말 큰일이야. 몽골군이 휩쓸고 지나가면 아무도 살아 남지 못한다던데."

바람도령의 말을 듣고, 구름도령의 얼굴이 어두워졌어요.

몽골군은 압록강을 넘어 고려의 여러 성을 순식간에 정복했어요. 귀주성에서 고려 군사와 백성들이 용감하게 맞서 싸웠지만, 몽골군은 순순히 물러가지 않고 개경(개성)으로 달려가 궁궐을 포위했지요.

고려 왕실과 **최씨 무신 정권**은 몽골군이 개경으로 쳐들어오자 겁에 질려 **강화**를 맺자고 했어요. 중국 땅 정복을 코앞에 둔 몽골은 고려에게 많은 **조공**을 요구하고 돌아갔어요.

몽골군이 물러간 뒤, 이상한 소리가 들려왔어요.

"나라의 도읍을 **강화도**로 옮긴다는데?

"말로는 강화도가 섬이라 몽골군과 **장기전**을 벌이기에 좋다는군."

"그럼 백성들은 어쩌라는 거야?"

"나 참, 몽골이 또다시 침입하면 산이나 섬으로 도망가래."

바람도령과 구름도령은 백성들이 수군거리는 말을 듣고도 믿기지 않았어요. 곧장 궁궐로 달려가 보니 그 말은 사실이었어요. 바람도령과 구름도령은 기가 막혔지요. 구름도령이 먹구름을, 바람도령이 비바람을 몰아쳐 강화도로 도망가는 왕과 귀족들을 혼내 주었어요.

"아이고, 귀족 살려! 갑자기 왜 이렇게 비바람이 몰아치는 거야?"

"이러다 모두 바다에 빠져 죽겠어."

바람도령과 구름도령이 모질게 마음을 먹었다면 정말 다 죽었을지도 몰라요. 그 고생을 했으니, 강화도에 도착한 왕과 귀족들은 정신을 좀 차렸을까요?

장기전

長	길	장
期	기약할	기
戰	싸울	전

오랜 기간에 걸쳐 싸우는 전쟁을 말한다.

★ **참고 자료**

강화도: 몽골의 침략에 최씨 무신 정권의 최우는 도읍을 강화도로 옮기기로 했다. 강화도는 개경에서 가깝고 넓은 농토가 있으며, 뱃길로 육지의 세금을 운반하기에도 편리했다. 또한 몽골군이 해전에 약할 것이라 판단했기 때문에 강화도를 임시 도읍으로 정했다.

처인성: 지금의 경기도 용인으로, 부곡이라는 행정 구역에 속했다. 부곡에 사는 사람들은 평민이었지만, 현에 사는 농민들보다 천대를 받았다. 그러다가 몽골과의 전투에서 승리한 뒤, 처인성은 부곡에서 현으로 승격했다.

김윤후: 승려 출신으로 백성들을 이끌고 고려에 쳐들어온 몽골에 대항해 여러 차례 승리했다.

"큰일났네. 큰일났어! 몽골군이 또 쳐들어왔어."

바람도령의 호들갑에 구름도령이 깜짝 놀랐어요.

"고려 왕은 당장 강화도에서 나와라! 그렇지 않으면 고려 땅을 쑥대밭으로 만들 것이다."

몽골군 총사령관 살리타가 큰 소리로 꾸짖으며 **처인성**으로 군사를 몰아가고 있네요. 바람도령과 구름도령도 백성들을 돕기 위해 얼른 뒤따라갔어요.

때마침 처인성에 머물고 있던 승려 **김윤후**가 백성들을 모아놓고 큰 소리로 말했어요.

"지금 몽골군이 처인성으로 몰려옵니다. 고려와 내 가족을 우리 스스로 지킵시다."

곧 몽골군이 큰 함성을 지르며 처인성을 공격했고, 처인성의 백성들은 김윤후의 지휘 아래 똘똘 뭉쳐 몽골군과 맞서 싸웠어요. 바람도령은 몽골군 쪽으로 바람을 세게 불어 주었어요. 그 바람에 처인성에서 쏜 수많은 화살들이 쏜살같이 날아가 몽골군을 쓰러뜨렸지요.

그때였어요! 그 수많은 화살 중 하나가 몽골군 총사령관 살리타의 가슴을 **명중**시켰어요. 살리타는 그 자리에서 죽었고, 총사령관을 잃은 몽골군은 당황해서 허둥댔지요. 세계 곳곳의 막강한 군대와 수도 없이 싸웠지만, 총사령관이 이렇게 갑자기 **전사**하는 일은 없었으니까요. 당황한 몽골군은 서둘러 고려 땅에서 **철수**했어요.

강화도에 있던 왕은 이 소식을 듣고 크게 기뻐하며, 김윤후를 불러 높은 벼슬을 내렸어요. 그런데 김윤후가 벼슬을 거절하는 게 아니겠어요? 이렇게 말하면서 말이죠.

"살리타가 죽었을 때 제겐 화살이 없었습니다. 처인성의 승리는 백성들이 이룬 것입니다."

명중: 화살이나 총알이 겨냥한 곳에 바로 맞는 것이다.

전사: 전쟁터에서 싸우다 죽는 것을 말한다.

철수: 나아갔던 곳에서 물러나는 것이다.

호의호식: 좋은 옷과 좋은 음식을 먹으며 호화롭게 사는 것을 말한다.

경호: 위험한 일이 일어나지 않도록 보호하는 것이다.

그나저나 바람도령과 구름도령이 잔뜩 화가 나 있네요.

김윤후를 따라 강화도에 왔는데, 그곳에서 깜짝 놀랄 광경들을 보았거든요. 강화도에서 최씨 정권, 왕과 귀족들은 크고 화려한 궁궐과 집을 짓고 호화롭게 살고 있었어요. 백성들은 몽골의 침략으로 죽어 나가는데, 왕과 귀족들은 백성들에게 꼬박꼬박 세금을 걷어 **호의호식**하고 있었던 거예요.

어디 그뿐인가요? 전쟁터에 나가 싸워 나라와 백성을 지켜야 할 군사들이 강화도에서 왕과 귀족들을 **경호**하고 있었어요. 왕과 귀족들은 매일 같이 잔치를 벌이며 먹고 마시고 놀았어요.

바람도령과 구름도령은 너무 화가 나서 번개와 천둥을 동반한 세찬 비바람을 쏟아부었어요.

"아이고! 이게 웬일이야!"

잔치를 벌이던 왕과 귀족들이 당황하네요. 이들은 백성들의 고통을 알고 있기나 할까요?

노비에게도 벼슬을 준대!

전쟁에 공을 세우면 신분을 가리지 않고 벼슬을 내리겠다.

김윤후

노비

奴 남자 종 **노**

婢 여자 종 **비**

남자 종과 여자 종을 함께 이르는 말이다. 충주성 전투에서 노비들은 힘껏 싸웠고, 전쟁이 끝나자 김윤후의 약속대로 노비 신분에서 해방되었다.

★ **참고 자료**

충주성 전투: 1253년, 몽골이 다시 쳐들어오자 관군이 모두 도망갔다. 하지만 김윤후의 지휘 아래 노비와 백성들이 충주성을 지켜 냈다.

그 후에도 몽골군은 끈질기게 고려를 침략해 왔어요. 수많은 백성들이 싸우다가 죽고, 포로로 끌려가거나 굶어 죽었어요. 하지만 고려 백성들은 용감하게 몽골군과 맞서 싸웠어요.

몽골을 상대로 가장 큰 승리를 거둔 건 바로 **충주성 전투**예요.

구름도령과 바람도령은 충주성 전투를 지휘하는 사람을 보고 깜짝 놀랐어요. 바로 처인성 전투를 지휘했던 김윤후가 아니겠어요?

"누구든지 힘을 다해 싸운다면, 신분을 가리지 않고 모두에게 벼슬을 내릴 것이다."

김윤후의 말을 듣고, 한 **노비**가 손을 번쩍 들고 물었어요.

"노비에게도 말입니까?"

"나라를 위해 싸워 이긴다면, 노비라도 벼슬을 받게 될 것이다."

김윤후는 말을 마치자마자, 백성들 앞에서 노비 문서를 불태워 버렸어요. 그러자 노비들이 큰 감격을 받았어요. 노비 신세에서 벗어날 수 있다니 얼마나 기뻤겠어요. 충주성의 백성들은 죽을 힘을 다해 싸웠고, 마침내 몽골군을 무찔렀어요.

太 클 **태**

子 아들 **자**

임금의 자리를 이을 임금의 아들을 말한다. 1259년, 고려 태자(훗날 원종)는 몽골의 쿠빌라이 칸을 만나 강화를 맺었다.

초조대장경: 몽골 침입 이전에 거란이 고려에 쳐들어왔는데 이때 부처의 힘으로 거란을 막기 위해 만든 대장경이다.

삼별초: 원래 최씨 무신정권이 개인적으로 거느린 병사였는데 몽골이 침략하자 몽골에 대항하는 군대가 되었다. 고려 정부의 강화 후에도 몽골군에 끝까지 맞서 싸웠다.

이 몽골은 이후로도 수십 년 간 고려를 침략했다 물러나기를 반복했어요. 오랜 전쟁으로 헤아릴 수 없을 만큼 많은 사람이 죽고, 수십만 명의 백성이 포로로 잡혀갔어요. 또 **초조대장경**과 황룡사 9층 목탑 등 귀중한 문화재가 파괴되었어요.

바람도령과 구름도령의 근심도 깊어졌어요.

"고려 왕이 개경으로 돌아가자고 했는데 무신들이 반대했대. 아마 개경으로 돌아가면 그 동안 누려온 권력을 다 잃게 될까 봐 겁이 나나 봐."

왕과 무신들이 개경으로 돌아간다 안 간다를 두고 설왕설래하는 동안 몽골은 또 다시 고려에 쳐들어왔어요. 벌써 6번째 침략이었지요.

고려의 왕은 **태자**를 몽골에 보내 강화를 요청했어요. 몽골은 매우 기뻐하며 고려라는 나라와 고유의 문화를 유지시켜 주겠다고 약속했지요. 전쟁을 멈추는 조건으로 왕과 신하들은 강화도에서 개경으로 돌아왔어요(개경 환도).

그러나 **삼별초**라는 군대가 이에 반발하면서 몽골군과 끝까지 싸우기로 했대요. 삼별초는 강화도에서 진도, 진도에서 탐라(제주)로 옮겨가면서 고려 정부와 몽골에 끝까지 맞서 싸웠어요. 바람도령과 구름도령도 삼별초를 힘껏 도와주었지만, 결국 이들의 저항은 실패하고 말았답니다.

몽골 제국은 어떤 나라였을까?

몽골은 원래 몽골 초원에서 말이나 양을 키우며 떠돌아다니는 유목 생활을 했어. 그런 이들이 어떻게 세계에서 가장 큰 제국을 건설했을까?

비잔티움 제국

아라비아

몽골

나, 칭기즈 칸은 몽골 초원의 여러 부족을 통일하고 대제국을 세웠지!

◉ 칭기즈 칸

1206년, 테무친이 흩어져 있던 여러 몽골 부족을 통합하고 칭기즈 칸으로 추대되었어. 칭기즈 칸과 그의 후예들은 활발한 정복 활동을 통해 동쪽으로는 러시아, 서쪽으로는 동유럽까지 세계 역사상 가장 넓은 영토를 차지했지.

몽골 제국은 1271년에 베이징으로 도읍을 옮기고, 나라 이름을 '원'으로 고쳤어. 1279년에는 유목 민족 최초로 중국 전체를 다스렸어.

몽골의 침입을 받은 나라는 대부분 멸망했어. 하지만 고려는 끈질긴 저항과 외교적 노력으로 독립을 인정받아 나라를 유지할 수 있었지. 그럼에도 불구하고 일부 영토를 잃고, 원나라의 간섭을 피할 수는 없었지만 말이야.

1 다음은 몽골의 고려 침입에 관한 내용이에요. 빈칸에 알맞은 말을 써 보세요.

❶ 몽골의 [ ]이/가 고려에 왔다가 돌아가는 길에 살해 당하자, 몽골은 이를 구실로 삼아 고려에 쳐들어 왔어요.

❷ 몽골의 1차 침입 이후, 고려의 왕과 무신 정권은 도읍을 개경에서 [ ] (으)로 옮겼어요.

❸ 몽골의 2차 침입 때 [ ]에서 승려 김윤후가 백성들을 이끌고 용감하게 싸웠어요.

❹ 고려와 몽골이 전쟁을 끝내는 조건으로 강화를 맺었지만, [ ](이)라는 군대는 강화도에서 진도, 진도에서 제주로 옮겨 가며 몽골과 끝까지 싸웠어요.

2 다음은 몽골이 침입했을 때 큰 승리를 거둔 처인성 전투와 충주성 전투에 대한 설명이
에요. 빈칸에 알맞은 말을 써 보세요.

처인성 전투

처인성 백성들은 ☐☐☐☐ 의 지휘 아래 용감하게 싸웠어요. 몽골군을 향해 수
없이 많은 화살을 날렸는데, 그 중 하나가 몽골군 총사령관 ☐☐☐☐ 을/를 명
중시켰어요. 전쟁마다 승리를 이끌던 몽골군은 총사령관을 잃고 당황해서 서둘러
고려 땅에서 철수했어요.

충주성 전투

처인성 전투에서 승리를 이끌었던 김윤후는 충주성에서도 대단한 리더십을 발휘
했어요. 김윤후는 성에 갇혀 지쳐가던 백성들을
모아 놓고 이렇게 말했어요.

"누구든지 힘껏 맞서 싸운다면 벼슬을 내릴
것이다."

이 말을 하고는 ☐☐☐☐ 을/를 불
태웠어요. 백성들은 죽을 힘을 다해
싸웠고, 몽골군은 조금씩 기세가
꺾여 고려가 승리를 거두었어요.

1 몽골의 1차 침입 이후 고려 왕실은 강화도로 도읍을 옮겼어요. 왜 하필 섬인 강화도로 도읍을 옮겼는지 그 까닭을 정리해 보세요.

tip 강화도는 지리적으로 어떤 이점이 있는지 생각해 봐.

무신 정권과 고려 왕실이 개경에서 강화도로 도읍을 옮긴 까닭

2 김윤후는 충주성에서 노비 문서를 불태우고 노비들에게 전쟁에서 공을 세우면 벼슬을 주겠다고 약속했어요. 노비들이 어떤 각오로 싸웠을지 그들의 마음이 되어 써 보세요.

tip 충주성 전투의 승리 비결이 무엇인지 생각해 봐.

3 최씨 무신 정권과 고려 왕실은 강화도로 도읍을 옮기고, 호화로운 생활을 이어 갔어요. 고려의 백성이 되어 강화도에 있는 이들에게 어떤 이야기를 하고 싶은지 써 보세요.

tip 몽골 침략으로 백성들은 처참한 생활을 했어.

최우가 집안 사람들과 신하들을 불러 잔치를 열곤 했는데, 비단으로 그네를 매고 온갖 꽃과 은 단추와 자개로 장식했다. 악공들이 호화롭게 단장하고 악기를 연주하니, 거문고, 북, 피리 소리가 하늘과 땅에 울렸다. 최우는 악공에게 은 덩어리를 주고, 춤추고 묘기하던 사람들에게 비단을 주었다.
　　　　　　　　　　　　　　　　　　　　　　　　　　　ー『고려사절요』중에서

4 고려와 몽골 사이의 전쟁이 길어지면서 피해가 커졌어요. 몽골과의 강화를 두고 고려 왕과 무신 정권 사이에 의견이 대립했어요. 각각 어떤 주장을 폈을지 써 보세요.

tip 최씨 무신 정권은 강화도에서 권력을 이어 가려는 속셈으로 몽골과의 강화를 반대했어.

1 고려 왕, 개경으로 돌아가자!

----

2 무신 정권, 몽골과 싸울 거야!

----

5 고려 정부가 몽골과 강화를 맺고 전쟁을 끝내기로 했지만 삼별초는 근거지를 옮겨가며 몽골과 끝까지 싸웠어요. 왜 끝까지 싸우기로 한 것인지 삼별초에서 활동한 군인의 입장이 되어 써 보세요.

○ 삼별초가 이동한 경로

----

7 팔만대장경으로 나라를 지키다

 이때는 말이야~

5-2 1. 옛사람들의 삶과 문화
② 독창적 문화를 발전시킨 고려

무신정변
1170

초조대장경 소실
1232

1231
몽골의 1차 침입

세계 정복 전쟁을
벌이던 몽골이 고려에도
쳐들어왔어.

거란의 침입 때
처음 만든 대장경이
불타 없어졌어.

부처의 힘으로
몽골의 침입을 이겨 내고자
다시 만든 대장경판이야.

조선 시대에
팔만대장경을 보관하기 위해
장경판전을 지었대.

팔만대장경 완성

1251

1236
대장도감 설치

팔만대장경을 만들기 위해
임시로 설치한 관청이야.

15세기
장경판전 건축

◉ 팔만대장경판

◉ 합천 해인사 장경판전

🔑 키워드

대장경판

大	큰	대
藏	감출	장
經	글	경
板	널빤지	판

부처의 말씀과 불교 관련 내용을 새긴 판이다. 고려 사람들은 나라에 큰일이 생기면 부처의 힘으로 어려움을 이겨 내고자 했다. 거란이나 몽골이 침입했을 때에 대장경판을 만들었다.

"동우야, 소금물로 삶은 나무 판 좀 그늘로 옮겨 놓거라."

"네, 아저씨!"

잠시 그늘에 앉아서 땀을 식히고 있던 동우가 다시 벌떡 일어나 나무 판을 옮겼어요. 동우는 팔만대장경판을 만드는 곳에서 잔심부름을 하는 아이인데, 잘 웃고, 잘 먹고, 심부름도 잘 해서 사람들의 사랑을 듬뿍 받았어요. 그 중에서도 **대장경판**에 글자를 새기는 일을 하는 만수 아저씨가 동우를 유난히 예뻐했어요.

"몽골군이 쳐들어와서 나라가 쑥대밭이 되었는데, 이렇게 대장경이나 만들고 있어도 될까? 이럴 여유가 있으면 한 사람이라도 더 전쟁터에 나가 몽골군과 싸워야 하지 않겠나?"

"예끼! 그런 소리 하면 부처님이 노하시네. 우리가 정성스러운 마음으로 대장경을 만들어야 부처님께서 몽골군을 내쫓아 주실 걸세. 그러니 딴 생각 말고 부지런히 일하세."

동우는 나무 판을 나르다가 아저씨들의 이야기를 듣고 고개를 갸우뚱했어요.

정성을 다해 대장경판을 만드는 것도 나라를 지키는 일일세.

한참 일하다 보니, 벌써 점심 때가 되었어요. 동우는 주먹밥을 들고 나무 그늘 아래에서 쉬고 있는 만수 아저씨에게 쪼르르 달려가 옆에 딱 붙어 앉았어요.

"아저씨, 대장경을 만들면 정말 부처님이 몽골군을 쫓아내 줄까요?"

"그럼, 그렇고 말고! 옛날에 거란이 고려를 침입했을 때도 **초조대장경**을 만들었는데, 신기하게도 거란 군대가 물러갔단다. 고려는 불교의 나라이니, 부처님이 꼭 도와주실 거야."

"초조대장경이 있는데, 왜 또 대장경을 만드는 거예요?"

"없어졌단다. 몽골군이 초조대장경을 불태워 버렸거든. 그 때문에 고려 사람들은 한동안 큰 충격을 받았단다. 그래서 다시 대장경을 만들기로 한 거지."

동우가 고개를 끄덕였어요. 그때 한 무리의 아저씨들이 나무를 지게에 잔뜩 짊어지고 오는 모습이 보였어요. 곧이어 아저씨들이 나무를 바닷물에 풍덩풍덩 던져 넣었어요.

초조대장경: 거란이 고려에 침입했을 때 만든 대장경으로, 고려 최초의 대장경이라고 해서 초조대장경이라고 한다.

★ 참고 자료

불교의 나라, 고려: 고려 사람들은 신분에 상관없이 대부분 불교를 믿었다. 전국에 많은 절을 세우고, 연등회 같은 불교 행사도 크게 열었다. 고려 후기에는 절에서 술을 만들어 팔고, 백성들에게 땅이나 돈을 빌려 주기도 하는 등 종교적인 일뿐만 아니라 경제 활동도 활발히 벌였다.

1. 나무를 잘라 바닷물에 2년간 담가 두기

팔만대장경을 만드는 과정을 살펴볼까?

"동우야, 대장경판은 어떤 나무로 만드는지 아느냐?"

"당연히 알지요. 대장경판은 대부분 산벚나무와 돌배나무로 만들 잖아요. 그런데 아저씨, 왜 나무를 바로 쓰지 않고, 2년 동안이나 바닷물에 담그고, 소금물에 삶고, 또 1년간 그늘에서 말리는 거예요? 몽골군을 빨리 물리치려면, 빨리 만들어야 하는 거 아니에요?"

동우가 눈을 동그랗게 뜨고 몹시 궁금한듯 만수 아저씨에게 물었어요. 아저씨가 동우의 머리를 쓰다듬으며 대답했어요.

"우리 동우가 궁금한 게 많은 것 같구나. 그건 대장경판을 튼튼하게 만들기 위해 꼭 필요한 과정이란다. 나무를 바닷물에 담그고, 소금물로 삶는 이유는 벌레가 생기지 않도록 하기 위해서야. 또, 나무를 바람이 잘 드는 그늘에서 서서히 말려야 나중에 갈라지거나 비틀어지지 않는단다. 만약 햇빛에 말리면 나무가 쩍쩍 갈라질걸."

대답을 마친 만수 아저씨가 툭툭 자리를 털고 일어났어요.

"이제 그만 글자를 새기러 가야겠구나."

3. 바람이 잘 드는 그늘에서 1년간 말리기

2. 나무를 알맞은 크기로 자른 뒤 소금물에 삶기

동우가 답답한지 가슴을 쿵쿵 치고 있어요. 그러고 보니, 만수 아저씨가 글자를 새길 때마다 절을 하고 있네요.

"아저씨, 왜 글자를 새길 때마다 절하시는 거예요?"

"동우야, 목판 하나에 몇 글자나 새 기는지 아느냐?"

"한 줄에 14자씩 23줄을 앞뒷면 에 새기잖아요."

"그래, 잘 알고 있구나. 목판 하나에 무려 644 자의 글자를 새기지. 그러니 이렇게 정성을 다해야 글자를 틀리지 않고 고르게 새길 수 있단다. 목판은 글자를 하나라도 틀리게 새 기면 전체를 다시 새겨야 하기 때문에 마음을 놓으면 절대 안 돼."

아저씨의 말을 듣고 보니, 서두르려고만 했던 동우가 괜스레 부끄러워졌어요.

"글자를 다 새긴 다음에는 이렇게 한 장씩 찍 어 내 보고 틀린 글자를 골라낸단다. 이렇게 해야 완벽한 대장경이 될 수 있지. 목판 하나 가 완성되면 양 끝에 목판보다 두꺼운 나무를 댄 다음, 구리판을 귀퉁이에 끼우고 **옻칠**을 하지. 그래야 뒤틀리지도 않고 벌레도 먹지 않거든."

4. 일정한 크기로 잘라 글자 새기기

5. 한 장씩 찍어 내 보고 틀린 글자 골라내기

6. 귀퉁이를 구리판으로 마감하고 옻칠하기

◉ 팔만대장경판은 네 귀퉁이에 구리판을 끼워 경판끼리 서로 부딪치는 것을 막았다. 또 옻칠을 해 벌레가 생기 는 것을 막았다.

대장경판을 만드는 일은 복잡하고 까다롭고 힘들었어요.

힘 잘 쓰는 사람들은 나무를 베어 날랐고, 글 잘 쓰는 사람들은 부처의 말씀을 적고, 손재주가 있는 사람들은 글자를 새겼어요. 정말 많은 사람들이 대장경판 만드는 일에 동원되어 마치 온 나라 백성들이 대장경판을 만들고 있는 것 같았지요.

어느덧 대장경판을 만든 지 10여 년의 세월이 흘렀어요. 어린 소년이었던 동우도 어느새 청년이 되었지요.

◎ **팔만대장경판**(경상남도 합천군): 몽골의 침입을 물리치고자 만든 대장경이다. 팔만대장경을 만들 때 초조대장경을 바탕으로 송나라, 거란에서 들여온 대장경과 비교하고 연구해 한 자 한 자 정성을 다해 만들었다. 보관 상태도 매우 좋아서 가장 완벽한 대장경으로 평가되고 있으며 유네스코 세계 기록 유산에 등재되었다.

"드디어 대장경판이 완성되었군."

"대장경판이 무려 8만 장이 넘어서 **팔만대장경**이라고 부른다지?"

"그 많은 글자 중에 틀린 글자가 거의 없다네. 글자 모양도 고르고 아름다우니 세상에서 가장 완벽한 대장경판이네 그려."

동우는 스님들을 도와 완성된 대장경판을 보관 장소로 옮기며 마음 속으로 빌고 또 빌었어요.

"부처님, 어서 빨리 몽골이 고려에서 물러가게 도와 주세요."

팔만대장경이 만들어진 지 150여 년의 세월이 흘렀어요.

그 사이 몽골군도 물러갔고, 만수 아저씨도, 동우도 세상을 떠났지요. 나라도 고려에서 조선으로 바뀌었어요. 하지만 팔만대장경만은 변함 없는 모습을 간직하고 있었어요.

"팔만대장경을 **해인사**로 옮긴다던데?"

"**홍건적**과 **왜구**가 자꾸 나타나 문화재를 약탈해 가니까 안전한 장소로 옮기려는 모양이군."

해인사는 위치상 외적의 침입이 어려운 곳이라 안전할 거라고 사람들이 저마다 한 마디씩 했어요.

팔만대장경판을 옮기는 날이 되었어요. 승려들은 **불경**을 외우며 향을 피우고, 그 뒤로 대장경판을 싣고 가는 행렬이 줄을 이었지요. 나라의 모든 백성들은 소중한 문화재가 무사히 옮겨지길 마음 속으로 간절히 빌었어요.

드디어 대장경판이 해인사에 도착했어요. 스님들은 장경판전을 지어 선반에 대장경판을 차곡차곡 꽂아서 보관했어요.

이곳에서 팔만대장경판은 오래오래 행복하게 살아가겠죠?

불경

佛 부처 **불**

經 책 **경**

부처의 가르침을 적은 경전을 말한다.

홍건적: 몽골이 세운 원나라에 반대해 일어난 중국 한족의 반란군으로 머리에 붉은 두건을 썼다.

왜구: 우리나라와 중국 바다에 나타나 약탈을 일삼던 해적이다.

◎ **합천 해인사 장경판전**(경상남도 합천군): 해인사에 팔만대장경판을 보관하기 위해 만든 건물로, 매우 아름답고 과학적으로 지어졌다. 1995년에 그 가치를 인정받아 유네스코 세계 문화유산으로 등재되었다.

팔만대장경판이 썩지 않은 비결은?

: 팔만대장경판의
: 장경판전의 비밀

팔만대장경판은 부처의 힘으로 몽골의 침략을 물리치고자 하는 바람을 담아 1236년부터 1251년까지 16년에 걸쳐 만들어졌어. 2007년에는 유네스코 세계 기록 유산으로 등재되기도 한 자랑스러운 우리 문화유산이란다. 나무로 만든 목판인 대장경판은 어떻게 800년 가까운 세월 동안 썩지 않고 예전 그대로의 모습을 그대로 간직하고 있을까? 그 비밀을 지금부터 알려 줄게.

비밀2

창살이 있는 창은 햇빛이 적당하게 실내로 들어가도록 조절해 줘. 위아래 창의 크기가 달라서 바람이 잘 통해 온도와 습도가 일정하게 유지되도록 해 주거든.

비밀1

장경판전은 세 계곡이 만나는 가야산 중턱에 위치에 있어서 바람이 늘 불어온대. 산들바람이 목판 사이사이를 골고루 누비고 다니니, 대장경판이 썩지 않겠지?

비밀3

바닥에 숯, 횟가루, 소금, 모래를 넣고 다져서 땅으로부터 올라오는 습도를 조절했어.

비밀2

옻칠을 해 벌레가 먹지 않고 습기에 강하도록 했어.

비밀1

경판을 만들 때 바닷물에 담그고 소금물에 삶아 그늘에서 말려서 벌레가 생기지 않고, 나무판이 갈라지지 않아.

비밀3

경판에 양쪽에 경판보다 두꺼운 나무를 대고 구리판을 끼워 경판끼리 맞닿는 것을 막아서 경판에 새긴 글자가 닿지 않게 도와 줘.

✿ **팔만대장경판**(경상남도 합천군)

비밀4
아래쪽의 공간을 약간 떨어
뜨려 놓아 습도를 조절하고,
해충의 피해를 막았어.

여긴 합천 해인사 장경판전
내부야. 곳곳에 숨은 과학적 원리로
팔만대장경판이 현재까지
잘 보존되고 있지.

history Point

1 다음 질문에 알맞은 답을 보기 에서 찾아 글자를 조합하여 써 보세요.

> **보기**
>
> | 직 | 팔 | 크 | 베 | 강 | 해 | 선 | 구 | 판 | 초 |
> |---|---|---|---|---|---|---|---|---|---|
> | 만 | 르 | 병 | 인 | 대 | 경 | 장 | 사 | 전 | 조 |

① 고려 때 몽골의 침입으로 불타 없어진 대장경은?

( )

② 몽골이 침입했을 때 부처의 도움으로 몽골을 물리치고자 만든 문화재는?

( )

③ 조선 초에 외적의 침입으로부터 대장경판을 보호하기 위해 옮긴 절은?

( )

④ 팔만대장경판을 보관하고 있는 건물은?

( )

2 친구들이 팔만대장경에 대해 이야기하고 있어요. 맞으면 ○표, 틀리면 ✕표 해 보세요.

팔만대장경은 고려에서 처음 만든 대장경이야.

팔만대장경은 8만 장이 넘는 목판으로 이루어져 있어서 '팔만대장경'이라고 부르는 거야.

팔만대장경을 완성하기 전에 몽골군이 고려에서 물러갔어.

3 다음은 팔만대장경판을 만드는 과정이에요. 만드는 순서대로 번호를 쓰고, 빈칸에 알맞은 말을 써 보세요.

나무 판을 일정한 크기로 잘라 글자를 새긴다.

새긴 목판을 한 장씩 찍어 내 보고 틀린 글자를 골라낸다.

나무를 잘라 ☐ 에 2년간 담가 둔다.

나무를 알맞게 자른 뒤 ☐ 물에 삶는다.

나무판을 바람이 잘 드는 그늘에서 1년간 말린다.

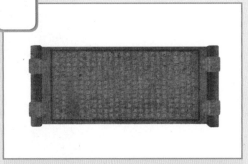

대장경판의 귀퉁이를 구리판으로 마감하고 ☐ 을/를 해 보관한다.

1 장경판전에 보관되어 있는 팔만대장경판은 800여 년이 흐른 지금까지 잘 보존되어 있어요. 대체 어떤 비결이 있는지 비밀을 밝혀 완성해 주세요.

tip 나무판은 습기에 약하고, 벌레 먹기가 쉬워.

팔만대장경판의 비밀

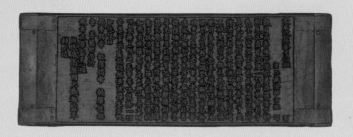

소금물로 삶아서 **1** ----------

한 자 한 자 정성을 다해 새겨서

2 ----------

옻칠을 해서 **3** ----------

장경판전의 비밀

위아래 창의 크기가 달라서 바람이 잘 통하기 때문에

4 ----------

선반 아래쪽의 공간을 약간 떨어뜨려 놓아서

5 ----------

----

2 몽골이 침입했을 때 전쟁에 나가 싸우느냐, 팔만대장경판을 만드느냐를 두고 두 친구의 의견이 엇갈리네요. 각각의 입장이 되어 주장을 써 보세요.

tip 대장경판은 부처의 힘으로 외적을 물리치고자 하는 바람으로 만든 거야.

거란이 고려를 침입했을 때 고려는 대장경을 만들기로 결정했는데, 이게 바로 '초조대장경'이다. 신기하게도 대장경을 만들기로 결정을 하니, 거란이 고려에서 물러났다. 고려 사람들은 부처의 힘으로 외적이 물러났다고 믿고 정성을 들여 초조대장경을 만들었다. 그런데 몽골이 침략해서 이 초조대장경을 불태워 버렸다. 고려 조정은 대장도감을 설치하고 나라를 지켜 줄 대장경을 다시 만들기로 했다.

전쟁터에 나가 싸우는 게 우선이야.
왜냐하면

❶ --

시간이 오래 걸려도 팔만대장경판을
만들어야 해. 왜냐하면

❷ --

----

3 고려는 목판 인쇄술과 더불어 금속 활자를 이용한 인쇄술도 발달했어요. 다음을 읽고, 목판 인쇄에 관한 설명이면 '목판', 금속 활자 인쇄에 관한 설명이면 '금속'을 써 보세요.

tip 목판은 인쇄할 내용을 한 판에 통째로 새긴 것이고, 금속 활자는 인쇄할 내용을 한 글자씩 조판해 만든 것이야.

목판 인쇄술

나무 판에 여러 글자를 한꺼번에 새겨 인쇄하는 기술이다. 팔만대장경판이 대표적인 목판 인쇄 방식이다.

금속 활자 인쇄술

금속으로 한 글자씩 활자를 만든 다음, 필요한 글자들로 판을 짜서 인쇄하는 기술이다. 직지심체요절이 대표적인 금속 활자 인쇄 방식이다.

❶ 똑같은 내용의 책을 여러 장 인쇄할 수 있어서 효율적이다. (　　　　　)

❷ 다양한 종류의 책을 조금씩 인쇄하는 데 적합하다. (　　　　　)

❸ 판을 새로 짜면 새로운 책을 만들 수 있어 책을 만드는 데 드는 시간과 비용이 절약된다. (　　　　　)

❹ 글자를 새기는 중간에 글자가 틀리면 다시 새겨야 하는 불편함이 있다. (　　　　　)

4 목판에 글자 글자를 새길 때 좌우가 뒤집히게 새겨야 인쇄했을 때 바르게 보여요. 목판에 새겨진 다음 글은 인쇄했을 때 어떻게 나올지 써 보세요.

세계 으뜸 고려 해인사 대장경판

(　　　　　　　　　　　　　)

5 고려는 왕실, 귀족은 물론 백성들도 널리 부처를 믿었어요. 다음을 보고 고려 사람들에게 불교는 어떤 의미였는지 써 보세요.

tip 고려에서 절은 신앙의 장소이자 경제 활동이 이루어지는 곳이었어.

> 고려는 불교 국가이다. 고려 때는 도읍인 개경에 크고 작은 절이 5백여 개나 되었다고 한다. 고려의 큰 절들은 넓은 땅을 가지고, 그 땅에서 농사를 짓거나 농민들에게 땅을 빌려 주기도 했다. 또, 소를 빌려 주기도 하고, 물건을 만들어서 팔기도 했다. 심지어 남은 곡식으로는 술도 빚어 팔고, 오고 가는 나그네에게는 숙박을 제공하기도 했다.

고려

8 공민왕, 고려의 부활을 꿈꾸다

 이때는 말이야~

5-2 1. 옛사람들의 삶과 문화
② 독창적 문화를 발전시킨 고려

원나라가 함흥 지역에
설치했던 쌍성총관부를
공민왕이 폐지했어.

공민왕은 왜
원나라 공주와
결혼했을까?

공민왕 즉위

1351

1349
공민왕,
노국 대장 공주와
결혼

1356
기철 제거,
쌍성총관부 회복

고려 북쪽에서 일어난
홍건적은 원나라와 대결
하면서 고려에도 여러 차례
쳐들어왔어.

나, 신돈이 공민왕을
도와 전민변정도감을 설치해
개혁을 추진했지.

전민변정도감
설치

홍건적 침략

1359

1366

1364

문익점, 원나라에서
목화씨 들여옴.

🔑 키워드

공민왕		
恭	공손할	공
愍	힘쓸	민
王	임금	왕

고려 제31대 왕으로, 왕위에 오른 뒤 원나라의 간섭에서 벗어나기 위한 정책을 펼쳤다.

원나라: 몽골이 중국 본토를 정복하고, 나라 이름을 원나라로 바꾸었다.

유모: 어머니를 대신해 아기에게 젖을 먹이고 키워 주던 사람이다.

사위: 딸의 남편을 이르는 말이다.

친구들, 안녕! 나는 고려 제31대 왕인 **공민왕**이야.

고려의 왕자로 태어난 나는 어릴 때 **원나라**로 가서 10년 동안 살다가 고려로 돌아왔어. 고려의 왕자가 왜 다른 나라에 가서 그렇게 오래 살았냐고? 어렸을 때 나도 그게 무척 궁금했단다. 그래서 **유모**에게 물어보았지.

"유모, 나 조금 더 크면 원나라로 가야 돼? 왜 고려의 왕자들은 원나라에서 살아야 하는 거야?"

"몽골이 고려를 침략했던 건 왕자님도 알고 계시지요?"

"그때 고려 백성들이 몽골군과 용감하게 맞서 싸웠잖아."

"맞아요. 몽골은 이렇게 끈질기게 저항한 나라는 없었다면서 고려를 독립국으로 인정하고, **사위**의 나라로 삼았답니다. 그때부터 고려 왕자님들은 어렸을 때 원나라에서 살다가 원나라 공주님과 결혼한 후 고려로 돌아와 왕이 되셨지요."

어린 나는 원나라의 사위라는 게 어떤 의미인지 정확히 몰랐어. 그러다가 원나라에 가서 살게 되면서 모든 상황을 알게 되었단다.

몽골은 고려와 강화를 맺은 후 나라 이름을 '원'으로 바꾸고 고려의 정치에 간섭하기 시작했어.

원나라는 고려에 지나치게 많은 **공물**을 요구하고, 왕이 마음에 들지 않으면 제멋대로 내쫓고 갈아 치웠지.

몽골과 강화를 맺은 후 고려 왕들의 이름을 봐. 충렬왕, 충선왕, 충숙왕, 충혜왕, 충목왕, 충정왕! 모두 '충'자가 붙었지? 원나라에 충성하라는 뜻으로, 고려의 왕 이름 앞에 줄줄이 '忠(충성할 충)'자를 붙여 놓은 거야. 또, 고려의 왕자들을 어릴 때부터 원나라로 데려가 **볼모**로 삼고, 원나라의 문화와 풍습에 푹 빠지게 만들었지. 심지어 원나라 공주와 결혼하지 않으면 고려 왕이 될 수 없게 했단다.

고려 조정에는 원나라에 아부하는 사람들로 가득 찼어. 이들을 '**권문세족**'이라고 불렀는데, 이들은 원나라를 등에 업고 고려 백성들을 마구 괴롭혔단다. 그 중에서도 **기철**이라는 사람은 천하에 가장 나쁜 사람이었어. 나는 나중에 왕이 되면 그들을 꼭 혼내 줄 거라고 다짐하고 또 다짐했단다.

원나라에 아부하는 권문세족들을 혼내고 반드시 무릎 꿇리겠어!

권문세족

權	권세 **권**
門	집안 **문**
勢	세력 **세**
族	무리 **족**

고려 말 원나라의 세력을 등에 업고 출세한 세력을 말한다. 이들은 넓은 땅과 많은 노비를 거느리며 부와 권력을 누렸다.

★**참고 자료**

고려가 원나라에 바친 공물: 고려는 원나라에서 요구하는 금·은, 인삼, 자기, 약재, 사냥 매인 해동청 등 특산물을 공물로 바쳤다. 심지어 백성들을 보내기도 했다.

볼모: 약속을 지키는 것에 대한 담보가 되어 상대편에 강제로 붙잡혀 있는 사람을 말한다.

기철: 대표적인 권문세족이다. 여동생이 원나라로 가 원나라 황제의 부인이 되면서 덩달아 큰 세력을 누렸다.

🔵 **공민왕·노국 대장 공주 초상**(국립 고궁 박물관): 노국 공주는 원나라의 다른 공주들처럼 원나라 입장에서 권세를 부리지 않고, 공민왕의 개혁을 적극 지지하고 도와 주었다.

★**참고자료**★

원나라의 쇠퇴: 공민왕이 즉위하던 시기에 원나라는 지배층의 권력 다툼으로 나라가 혼란했다. 또 중국 본토에 원래 살고 있던 한족이 반란을 일으켜 나라의 힘이 점점 약해졌다.

변발: 옛 몽골의 풍습으로, 앞머리와 옆머리를 깎아 내고 남은 머리를 땋아 늘였다.

내 나이 22살 되던 해, 나는 원나라 공주인 **노국 대장 공주**와 결혼한 후 고려로 돌아와 왕이 되었어.

원나라 공주와 결혼했으니, 원나라의 꼭두각시 왕이 될 게 뻔하다고? 천만에 말씀! 난 고려로 돌아오기 전부터 원나라의 간섭을 떨쳐버리기로 마음먹었어. 왕비는 남편인 나를 믿고 도와 주었단다.

나는 원나라에 맞서는 정책을 펴기로 했어. 그러다가 원나라의 눈밖에 나서 왕의 자리에서 쫓겨나면 어떡하냐고? 걱정하지 마. 원나라는 나라 안팎의 혼란으로 고려에 간섭할 정신이 없으니까.

내가 고려의 왕이 되어 가장 먼저 한 일이 뭔지 알아? 바로 몽골식 옷을 벗어 버리고 몽골식 머리 모양을 고려식으로 바꾼 거야. 나는 곧바로 관리들에게도 몽골식 옷을 벗고, **변발**도 금지하라고 명했단다.

그런 다음, 나는 나라가 어떻게 되건 말건 원나라의 **비위**나 맞추며 권력과 부를 누리는 권문세족들을 소탕하기로 했어.

어느 날, 나는 큰 잔치를 베풀어 기철과 그 무리들을 초대했단다.

"왕께서 저희를 이렇게 믿고 의지해 주시니 원나라에 좋게 얘기해서 왕의 자리에서 쫓겨나지 않게 힘써 보겠습니다."

잔치가 한창 무르익자 기분이 좋아진 기철이 큰 소리로 허세를 부렸어. 하지만 그 허세는 오래 가지 못했지. 곧 기철 일당들은 그곳에서 죽임을 당했고, 간신히 살아남은 사람들은 귀양을 가게 되었으니까.

기철과 권문세족 무리들을 내쫓은 나는 그 후 여러 가지 개혁을 **단행**했어.

고려 조정의 일을 사사건건 간섭하던 **정동행성**을 없애 버렸고, 백성들의 세금도 줄여 주었어. 또, **쌍성총관부**를 공격해서 원나라가 차지하고 있던 철령 북쪽의 땅도 되찾아 고려의 영토를 넓혔단다.

그나저나 고려가 원나라에 맞서는 걸 권문세족들이 가만히 보고만 있었냐고? 반발하긴 했어도 기철 일당의 죽음을 눈 앞에서 똑똑히 본터라 함부로 대들진 못했어. 물론 속으로는 나를 못마땅해했겠지만, 쥐 죽은 듯이 가만히 보고만 있었단다.

비위: 어떤 것을 좋아하거나 싫어하는 기분을 말한다.

단행: 마음을 단단히 먹고 행동에 옮기는 것을 말한다.

정동행성: 원래는 원나라가 일본 원정을 위해 고려에 설치한 기구인데 고려의 정치를 간섭하는 기구로 남게 되었다.

쌍성총관부: 원나라가 철령 이북 땅을 직접 다스리겠다며 세운 기구이다.

★ 참고자료

북쪽 영토를 되찾은 공민왕

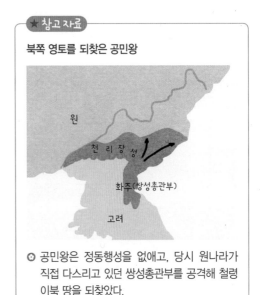

✪ 공민왕은 정동행성을 없애고, 당시 원나라가 직접 다스리고 있던 쌍성총관부를 공격해 철령 이북 땅을 되찾았다.

★ 참고자료

권문세족의 수탈: 좋은 땅을 가진 사람이 있으면 자신의 노비를 시켜 땅을 빼앗았다. 또 거짓으로 문서를 꾸며 토지를 늘려 나가서 권문세족의 땅이 산과 강을 경계로 삼을 정도였다.

신돈: 공민왕이 반원 개혁 정치를 추진하기 위해 기용한 승려이다. 전민변정도감을 설치해 개혁을 주도하였다.

분개: 어떤 일에 대하여 매우 분하게 여기는 것이다.

수탈: 강제로 빼앗는 것이다.

그러던 어느 날, 나에게 큰 불행이 덮쳐 왔어. 사랑하는 왕비, 노국 대장 공주가 아기를 낳다가 세상을 떠났어. 왕비를 잃고 난 뒤, 나는 너무 슬퍼서 한동안 아무것도 하지 못했단다. 그러자 숨 죽여 지내던 권문세족들이 내가 이룬 개혁을 되돌려 놓으려고 하는 거야.

'내가 이렇게 주저앉아 있으면 안 되겠군. 나와 함께 개혁을 이룰 사람이 필요해! 원나라나 권문세족의 눈치를 보지 않고 개혁을 펼쳐 나갈 인물을 반드시 찾아야 해!'

그때 나는 **신돈**이라는 승려를 불렀단다. 신돈은 지혜롭고 총명한 데다가 권문세족들의 횡포에 **분개**했고, 백성들의 어려운 처지를 누구보다 잘 알고 있었어.

"권문세족들이 백성들의 땅을 빼앗아 백성들에겐 송곳 하나 꽂을 땅이 없습니다. 이 와중에 나라의 관리들이 거짓 문서로 땅의 주인을 여럿 만들어 몇 차례나 세금을 걷어 갑니다. **수탈**에 견디다 못한 백성들이 고향을 버리고 도망가 마을이 텅텅 비었고, 그마저도 못한 사람들은 자식을 노비로 팔아 근근이 살아갑니다. 백성들의 고통을 덜어 주어야 합니다."

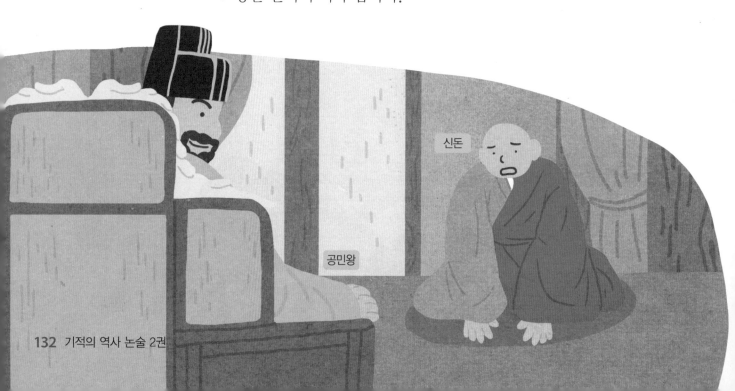

신돈

공민왕

신돈의 말을 들으니, 나와 뜻이 통하고 정말 믿음직했어. 나는 당장 신돈에게 개혁을 추진할 수 있는 모든 권력을 넘겨 주며 이렇게 약속했단다.

"어떤 일이 있어도 신돈 그대에게 의심을 품지 않을 것이오. 그러니 나라와 백성을 위해 권문세족들과 맞서 싸워 주시오."

역시 내가 사람 보는 눈은 정확하다니까! 신돈은 아주 훌륭하게 백성을 위한 개혁을 추진해 나갔어. 그 중에서도 백성들이 가장 환영한 것은 신돈이 **전민변정도감**을 설치하고 추진한 개혁이었어. 그게 뭐냐고?

"권문세족들은 불법으로 빼앗은 땅을 원래 주인에게 돌려 주고, 억울하게 노비가 된 양인은 풀어 주어라. 그렇지 않으면 큰 벌을 내릴 것이다."

신돈 덕분에 땅도 돌려 받고, 노비 신분에서도 벗어나게 된 백성들은 기쁨을 감추지 못했단다.

백성들의 얼굴에 웃음꽃이 **만발**하니, 나도 하늘을 날 듯 기분이 좋아지더라고. 내친김에 나는 더욱 더 신돈을 밀어 주었지.

전민변정도감

田	밭	전
民	백성	민
辨	분별할	변
整	가지런할	정
都	도읍	도
監	살필	감

고려 시대에 토지와 노비를 바로잡기 위해 임시로 설치하던 관청이다. 공민왕 때 신돈은 전민변정도감을 설치해 권문세족에게 빼앗긴 토지나 노비를 되찾아 바로잡았다.

만발: 꽃이 활짝 다 핀 것을 의미한다.

역모

逆 거스를 역
謀 꾀할 모

임금이나 나라를 배반할 계획을 꾀하는 것을 말한다.

땅과 노비를 빼앗긴 권문세족들이 기회만 있으면 나에게 신돈 흉을 보았어. 듣다 보니 가만 두면 안 되겠다는 생각이 자꾸 드는 거야.

"폐하, 신돈의 인기가 폐하보다 높다 하옵니다. 신돈을 왕으로 삼자고 주장하는 백성들도 있다고 합니다."

"신돈이 어마어마한 뇌물을 받고 벼슬을 판다고 합니다."

"폐하, 신돈이 궁궐만큼 으리으리한 집을 짓고 있답니다."

이렇게 날마다 신돈의 험담을 들으니 내 마음도 흔들릴 수밖에 없었지. 게다가 사람을 시켜 알아보니 신돈이 정말로 넓은 토지를 차지하고 자신을 지지하는 세력을 모으고 있었어. 그때 신돈이 나를 죽이려는 **역모**를 꾸몄다는 이야기가 들려왔어. 나는 너무 화가 나서 제대로 조사도 하지 않고 신돈을 잡아들여 처형했단다.

신돈이 죽고 난 뒤, 나는 어떻게 되었냐고? 나도 개혁에 반대하던 세력에 의해 죽임을 당했어. 이로써 고려의 개혁은 중단되었지.

아, 내 판단이 흐려져 고려를 다시 기울게 한 것 같아 지금도 마음이 너무 아프구나.

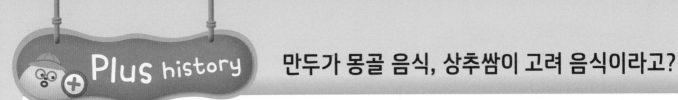

Plus history

만두가 몽골 음식, 상추쌈이 고려 음식이라고?

고려와 원나라가 활발히 교류하면서 고려에는 몽골의 음식과 생활 풍습이 유행했어. 이것을 '몽골풍'이라고 해. 반대로 고려의 음식과 풍습이 원나라로 전해진 것을 '고려양'이라고 하지.

자, 그럼 고려와 몽골이 서로 어떤 것들을 주고받았는지 살펴볼까?

몽골에서 고려에 전해진 몽골풍

고려에서 몽골로 전한 고려양

*유밀과: 밀가루, 참기름, 꿀로 반죽해 튀긴 과자.

1 다음 문제의 빈칸에 들어갈 알맞은 낱말을 써 보고, 퍼즐판에서 찾아 ◯로 묶으세요.

충	렬	왕	원	나	라	몽	원
전	민	변	정	도	감	골	노
공	녀	쌍	성	총	관	부	국
민	권	문	세	족	제	화	대
왕	변	발	고	려	국	통	장
기	황	후	신	기	공	도	공
최	무	선	돈	철	주	감	주

① 고려 때 원나라 세력을 등에 업고 성장한 지배 계층으로 ☐☐☐☐

이/가 있었다.

② 공민왕은 원나라의 공주인 ☐☐☐☐☐ 과/와 결혼한

후 고려로 돌아와 왕이 되었다.

③ 공민왕은 ☐☐☐☐ 을/를 공격해서 원래 고려 땅이었던 철

령 이북의 땅을 회복하였다.

④ 신돈은 ☐☐☐☐☐ 을/를 설치하여 백성들의 땅을 되찾

아 주고, 억울하게 노비가 된 사람들을 풀어 주었다.

2 영화 감독이 공민왕의 이야기를 영화로 만들기 위해 중요한 사건을 정리해 놓았어요.
필름 속에 있는 주요 단서를 보면서 빈칸에 알맞은 말을 써 보세요.

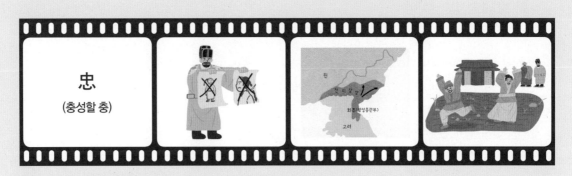

원나라는 고려 왕 이름에 [   ]자를 붙여 원나라에 충성할 것을 강요했고,
마음에 들지 않으면 고려의 왕을 제멋대로 갈아치웠다. 고려의 왕자들은 원나라
공주와 결혼해야 왕이 될 수 있었다.

고려에 돌아온 공민왕은 왕이 되자마자 몽골식 옷을 벗고 몽골식 머리 모양인
[   ]을/를 풀었다. 또 원나라에 빌붙어 권력을 키워 함부로 휘두르는
[   ]을/를 내쫓고, 원나라의 간섭에서 벗어나기 위한 개혁을 시작했다.

공민왕은 [   ]을/를 공격해서 원나라가 차지하고 있던 고려의
영토를 되찾았다. 세금도 줄여서 백성들의 고통도 줄여 주었다.

공민왕은 승려 신돈을 등용해 개혁 정치의 칼자루를 쥐어 주었다. 신돈은
[   ]을/를 설치해 백성들이 권문세족에게 빼앗긴 토지와 억울
하게 노비가 된 사람들을 조사해 바로잡았다.

Talk history

1 공민왕은 왕자 시절 원나라에 가서 살면서 많은 것을 보고 겪었어요. 고려에 돌아와 왕이 된 공민왕은 어떤 결심을 했는지 써 보세요.

tip 공민왕이 원나라에서 볼모로 지내는 동안 원나라에 간섭받는 고려의 처지를 뼈저리게 느꼈지.

고려 왕들 이름 들어 봤나? 충렬왕, 충선왕, 충혜왕. 이름에 '충성할 충' 자가 들어가 있지. 그게 원나라에 충성하라는 뜻이라면서?

원나라에 아부해서 권력을 잡은 권문세족들이 고려 백성들을 엄청 괴롭힌다고 하던데?

원나라도 오래 가지 못할 것 같아. 반란도 많이 일어나고 권력 다툼으로 나라가 엉망이잖아.

공민왕

그래, 결심했어!

----

2 원나라에서 고려로 돌아온 공민왕은 원나라의 간섭에서 벗어나기 위한 개혁들을 펼쳤어요. 공민왕의 개혁 중 고려에 가장 필요했던 개혁은 어떤 것이었는지 골라 그 까닭을 써 보세요.

tip 공민왕은 원나라에서 벗어나 자주적인 나라를 만들기 위해 개혁 정책을 폈어.

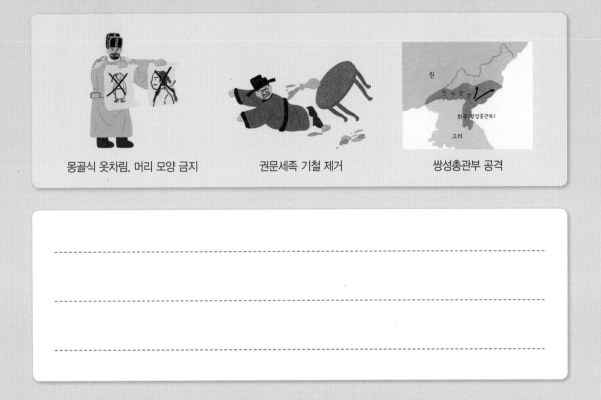

몽골식 옷차림, 머리 모양 금지   권문세족 기철 제거   쌍성총관부 공격

3 공민왕의 개혁 정치에 권문세족들은 어떤 반응을 보였는지 써 보세요.

4 원나라와 고려가 교류하면서 서로 영향을 주고받았어요. 다음을 보고 몽골의 영향을 받은 것은 '몽골풍', 고려의 영향을 받은 것은 '고려양'이라고 써 보세요.

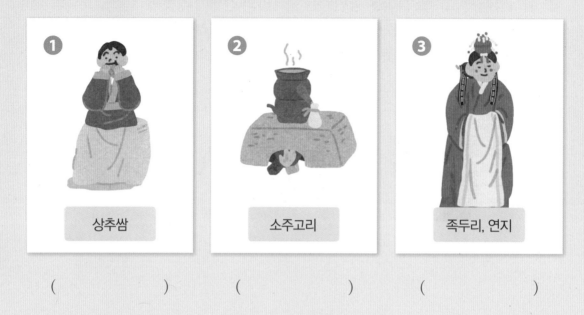

❶	❷	❸
상추쌈	소주고리	족두리, 연지

(   )   (   )   (   )

5 고려가 원나라와 교류하면서 백성들의 의생활이 달라졌어요. 다음을 읽고, 문익점에게 고마운 마음을 담아 상장을 만들어 주세요.

tip 문익점 덕분에 일반 백성들이 겨울에 따뜻한 무명 옷을 입게 되었지.

원나라에 사신으로 갔던 문익점이 목화씨를 가져와 목화 재배에 성공함으로써, 고려 백성들이 무명옷을 입게 되었다. 그 전에는 귀족들은 비단옷을 입었지만, 일반 백성들은 겨울에도 삼베나 모시로 옷을 지어 입었는데, 바람이 숭숭 통해 추위를 막기 어려웠다. 하지만 무명은 값도 싸고 따뜻해서 백성들이 아주 좋아했다.

--------------------- 상

이름:_____

위 사람은 --------------------------------

이에 상장을 드립니다.

賞

고려 대표○○○

6 공민왕이 함께 개혁을 이어 나갈 인물로 신돈을 선택한 까닭은 무엇일까요?

tip 공민왕은 원나라에게 아부해 권력을 누리던 세력들을 제거해야 했어.

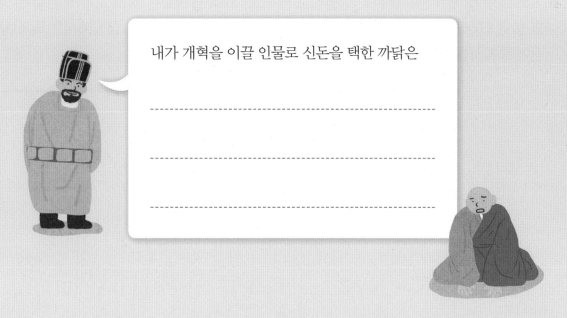

내가 개혁을 이끌 인물로 신돈을 택한 까닭은

----

7 공민왕은 개혁을 완성시키지 못하고 죽음을 맞았어요. 만약 공민왕이 꾸준히 개혁을 이어 나갔다면 고려는 어떻게 되었을지 여러분의 생각을 써 보세요.

만약 공민왕이 계속 개혁을 펼쳐나갔다면.

✿ 고려의 도읍 개경에서 팔관회가 열리고 있어요. 고려 팔관회는 우리 고유의 민속 신앙
과 불교 의례가 합쳐진 독특한 행사로, 고려의 가장 큰 축제였어요. 궁궐에서는 태조 왕
건에게 제사를 지내고, 무용과 음악 공연이 이루어졌어요.

✿ 궁궐 밖에서도 곡예 같은 거리 공연이 열려 많은 고려 백성과 송나라, 여진, 거란, 일본, 아라비아에서 온 사신들과 상인들도 함께 축제를 즐겼답니다. 여러분이 고려 화가가 되어 팔관회 축제 장면을 색칠해 작품을 완성해 보세요.

▶ 정답은 〈가이드북〉 14쪽에 있어요.

출처

사진

쪽	내용	출처
18쪽	김제 금산사 미륵전	문화재청
37쪽	석굴암 본존불상, 파주 용미리 마애이불입상	문화재청
42쪽	안동 이천동 마애여래입상	문화재청
53쪽	귀주 대첩 민족 기록화	전쟁 기념관
61쪽	청자 상감 운학무늬 매병, 청자 칠보 투각 향로	국립 중앙 박물관
65쪽	청자 참외모양 병, 청자 상감 모란무늬 항아리	국립 중앙 박물관
73쪽	조롱박 모양 병, 단지, 청자 상감 모란문 표주박모양 주전자	국립 중앙 박물관
74쪽	청자 상감 모란문 베개, 청자 오리 모양 연적, 청자 투각 고리문 의자, 청자 배모양 변기	국립 중앙 박물관
78쪽	삼국사기	문화재청
86쪽	고려 궁궐터	문화재청
103쪽	칭기즈 칸	위키피디아
111쪽	장경판전 내부	헬로 포토
	팔만대장경판	문화재청
114쪽	직지심체요절	문화재청
117쪽	합천 해인사 장경판전	문화재청
124쪽	금속 활자 만드는 방법	문화재청
130쪽	공민왕 · 노국 대장 공주	국립 고궁 박물관

앗!

본책의 가이드북을 분실하셨나요?
길벗스쿨 홈페이지에 들어오시면
내려받으실 수 있습니다.

기적의
역사 논술

가이드북

2권

학부모 가이드 & 해답 활용법

history Point 문제의 경우에만 정답을 확인하시고 정오답을 체크해 주십시오.

Talk history 논술형 문제에 해당하는 모범 답안은 참고만 하셔도 됩니다.

역사적 사실을 서술하는 문제의 경우는 방향을 맞게 잡고 서술하고 있는지만 확인해 봐 주시고, 아이들의 다양한 생각 표현이 모범답과 다르다고 하여 틀렸다고 결론내지 마십시오. 문제를 해결하고 의사를 결정하는 데 있어 아이 나름대로 근거가 있고, 타당한 대답이라면 정답으로 인정합니다. 이치에 맞지 않은 답을 한 경우에만 수정하고 정정할 기회를 주시기 바랍니다. 탐구하는 과정에 집중해 주세요.

다소 엉뚱하지만 창의적이고,
기발하면서 논리적인 대답에는 폭풍 칭찬을 잊지 마세요!

부디 너그럽고 논리적인 독서 논술 가이드가 되길 희망합니다.

1 왕건, 후삼국을 통일하다

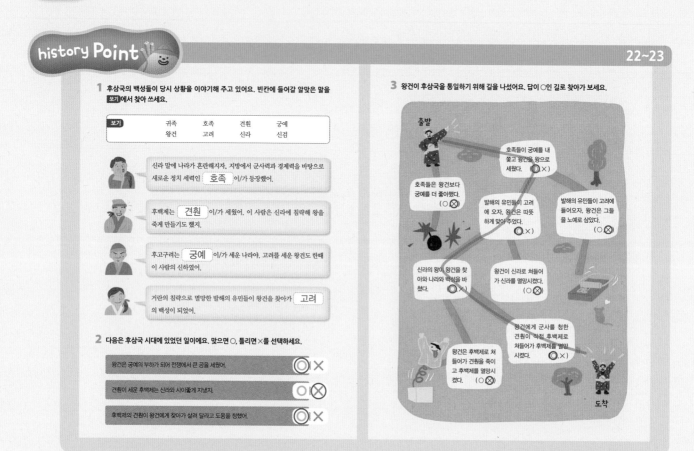

1 후삼국의 백성들이 당시 상황을 이야기해 주고 있어요. 빈칸에 들어갈 알맞은 말을 보기에서 찾아 쓰세요.

보기	귀족	호족	견훤	궁예
	왕건	고려	신라	신검

신라 말에 나라가 혼란해지자, 지방에서 군사력과 경제력을 바탕으로 새로운 정치 세력인 **호족** 이/가 등장했어.

후백제는 **견훤** 이/가 세웠어. 이 사람은 신라에 침략해 왕을 죽게 만들기도 했지.

후고구려는 **궁예** 이/가 세운 나라야. 고려를 세운 왕건도 한때 이 사람의 신하였어.

거란의 침략으로 멸망한 발해의 유민들이 왕건을 찾아가 **고려** 의 백성이 되었어.

2 다음은 후삼국 시대에 있었던 일이에요. 맞으면 ○, 틀리면 ×를 선택하세요.

왕건은 궁예의 부하가 되어 전쟁에서 큰 공을 세웠어. **○** ×

견훤이 세운 후백제는 신라와 사이좋게 지냈지. ○ **×**

후백제의 견훤이 왕건에게 찾아가 살려 달라고 도움을 청했어. **○** ×

3 왕건이 후삼국을 통일하기 위해 길을 나섰어요. 답이 ○인 길로 찾아가 보세요.

출발

호족들이 궁예를 내 쫓고 왕건을 왕으로 세웠다. (○ **×**)

호족들은 왕건보다 궁예를 더 좋아했다. (○ **×**)

발해의 유민들이 고려에 오자, 왕건은 따뜻하게 맞아 주었다. (**○** ×)

발해의 유민들이 고려에 들어오자, 왕건은 그들을 노예로 삼았다. (○ **×**)

신라의 왕이 왕건을 찾아와 나라와 백성을 바쳤다. (**○** ×)

왕건이 신라로 쳐들어가 신라를 멸망시켰다. (○ **×**)

왕건은 후백제로 쳐들어가 견훤을 죽이고 후백제를 멸망시켰다. (○ **×**)

왕건에게 군사를 청한 견훤이 직접 후백제로 쳐들어가 후백제를 멸망시켰다. (**○** ×)

도착

1 예 신하와 호족들을 의심해서 죽이는 등 난폭한 정치를 했다.

예 성품이 너그럽고, 호족들에게 친절하게 대해 주어 그들의 협조를 얻을 수 있었다.

2 ❶ 고려

❷ 예 고려에 신라를 바친다면, 신라의 왕과 백성들이 안전하고 편안하게 고려에서 살 수 있을 거라고 생각했기 때문이다.

3 예 견훤의 귀순과 신라의 항복을 받아 후삼국을 통일했다. / 호족 세력을 포섭해 그들의 협조를 이끌어 냈다. / 나라에 내는 세금을 줄여 주었다. / 나라의 공사를 줄여 농사일에 전념하게 해 주었다.

4 ❶ 예 왕건과 인척이 된 호족들은 왕건에게 적극적으로 협조해 고려의 개혁을 순조롭게 펼쳐 나갈 수 있었다.

❷ 예 29명의 부인에게서 25명의 아들을 낳았는데, 이 왕자들의 외가인 호족들은 자신의 조카나 손자를 왕으로 만들기 위해 세력 다툼을 벌였다.

해설

1 궁예는 언제부터인가 주변 사람들을 의심해 처형하기 시작했습니다. 목숨의 위협을 느낀 호족들은 궁예를 내쫓고, 온화한 성품의 왕건을 새 왕으로 세웠습니다. 왕건은 호족들에게 너그럽게 대하면서 그들의 협조를 이끌어 새 나라를 잘 다스렸습니다.

2 신라 경순왕은 더 이상 나라를 유지하기 어려워지자 스스로 고려에 나라를 바쳤습니다. 후백제가 신라에 쳐들어와 무참히 백성들을 짓밟고, 신라 왕을 죽게 했지만 고려는 신라에 군사를 지원해 주는 등 신라를 도왔습니다. 그래서 신라 경순왕은 고려의 왕건이라면 신라를 따뜻하게 받아 줄 거라 생각해 고려에 항복했습니다.

3 왕건은 어떻게 하면 고려의 백성들이 평안하고 행복하게 살 수 있을까 고민했습니다. 왕건은 너그러운 인품으로 견훤의 귀순을 받아들이고, 신라의 항복을 받아내어 전쟁을 끝내고 후삼국을 통일했습니다. 또한, 전쟁에 시달린 백성들의 고통을 덜어 주기 위해 세금과 나라의 공사도 줄여 주었습니다. 왕건은 호족들과 사이좋게 지내면서 그들의 협조로 고려를 다스렸습니다.

4 왕건은 힘 있는 호족들이 반란을 일으킨다면 또 다시 나라가 혼란에 빠질 것을 걱정했습니다. 그래서 각 지역의 힘 있는 호족들의 누이나 딸들과 결혼했습니다. 왕건과 인척이 된 호족들은 왕건에게 적극적으로 협조했습니다. 하지만 왕건의 29명의 부인에게서 낳은 25명의 아들이 모두 왕이 될 자격이 되었기 때문에 왕건의 결혼 정책은 나중에 왕위 다툼의 씨앗이 되기도 했습니다.

---

2 광종, 왕권을 강화하다

history Point

1 다음은 누구에 대한 설명일까요? 빈칸에 알맞은 인물을 보기 에서 찾아 써 보세요.

> 보기   혜종 광종 쌍기 왕규 왕건

① **왕규** : 광주 지역의 호족으로, 혜종 때 자신의 외손자를 왕위에 앉히려고 반란을 일으켰다.

② **광종** : 왕건의 뒤를 이어 왕이 된 두 왕(혜종과 정종)이 연달아 병으로 죽자, 그 뒤를 이어 고려의 제4대 왕이 되었다.

③ **쌍기** : 광종에게 능력 있는 인재를 선발하는 과거제를 제안했다.

2 친구들이 모여서 고려 광종 때 있었던 일에 대해 이야기하고 있어요. 옳게 이야기한 친구를 찾아 모두 ○표 하세요.

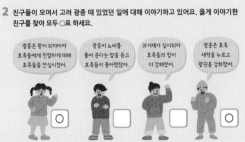

> 광종이 왕이 되자마자 호족들에게 친절하게 대해 호족들을 안심시켰어. ○
>
> 광종이 노비를 풀어 준다는 말을 듣고 호족들이 좋아했잖아.
>
> 과거제가 실시되자 호족들의 힘이 더 강해졌어.
>
> 광종은 호족 세력을 누르고 왕권을 강화했어. ○

3 다음은 광종이 실시한 개혁 정책을 신문 기사로 꾸민 것이에요. 내용을 읽고 빈칸에 들어갈 기사 제목을 써 보세요.

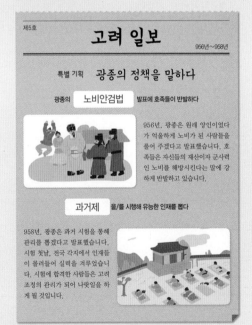

> 제5호
>
> # 고려 일보
> 956년~958년
>
> 특별 기획 **광종의 정책을 말하다**
>
> 광종의 **노비안검법** 발표에 호족들이 반발하다
>
> 956년, 광종은 원래 양인이었다가 억울하게 노비가 된 사람들을 풀어 주겠다고 발표했습니다. 호족들은 자신들의 재산이자 군사력인 노비를 해방시킨다는 말에 강하게 반발하고 있습니다.
>
> **과거제** 을/를 시행해 유능한 인재를 뽑다
>
> 958년, 광종은 과거 시험을 통해 관리를 뽑겠다고 발표했습니다. 시험 첫날, 전국 각지에서 인재들이 몰려들어 실력을 겨루었습니다. 시험에 합격한 사람들은 고려 조정의 관리가 되어 나랏일을 하게 될 것입니다.

1 〔예〕 나는 형들처럼 절대 호족들에게 당하지 않을 거야. 지금은 힘이 없으니 호족들에게 친절하게 대하면서 천천히 힘을 키운 다음에 호족들을 몰아내고 왕권을 강화하겠어!

2 〔예〕 노비는 우리 호족들의 재산이라고! 노비가 없으면 농사는 누가 짓고, 집안 일은 누가 해? 노비는 우리의 소중한 군사들이기도 해.

3 ❶ 〔예〕 고려의 관리가 된 것을 축하하네. 앞으로 고려를 위해 그대들의 지혜와 재능을 마음껏 펼치고, 고려에 충성하기를 바라네.

　　❷ 〔예〕 앞으로 임금님께 충성하고 고려를 위해 열심히 일하는 신하가 되겠습니다.

4 ❶ ㉠ ◯　㉡ ◯

　　❷ 〔예〕 고려 전기에는 각 지방에 힘 있는 호족들이 많았다. 호족은 자신들의 권력을 과시하기 위해 경쟁적으로 큰 불상을 만들었다. 그러다 보니 신라 불상에 비해 고려의 불상은 크고 인체 비율이 잘 맞지 않아 못생긴 것이 많다.

해설

1 광종이 왕위에 오를 당시 세력이 큰 호족들은 왕권을 위협할 정도로 힘이 셌습니다. 광종은 호족들에게 친절하게 대하면서 차근차근 왕권을 키운 다음, 노비안검법과 과거제를 실시해서 호족들의 힘을 약화시키고 왕권을 더욱 강하게 만들었습니다.

2 호족들에게 노비는 재산이었습니다. 노비가 집안 일, 농사일은 물론이고 개인 군사까지 되어 주었기 때문입니다. 그래서 노비를 많이 가지고 있는 호족일수록 힘이 셌습니다. 호족들은 더 많은 노비를 차지하기 위해 백성들의 땅을 강제로 빼앗고, 양인들을 노비로 삼기도 했습니다.

3 과거제가 시행되기 이전에는 주로 공신이나 호족의 자손들이 관리가 되는 특혜를 가졌습니다. 그래서 능력이 있어도 관리로 나아갈 길이 없는 사람들이 많았는데 과거제가 시행되자 능력 있는 인물들이 관리로 나아갈 길이 열리게 되었습니다. 과거제를 통해 관리가 된 사람들은 자신을 뽑아 준 왕에게 충성하면서 왕권이 강해지는 결과를 가져왔습니다.

4 고려 초, 큰 세력을 가지고 있었던 호족들은 자신의 세력을 과시하기 위해 경쟁적으로 큰 불상을 만들었습니다. 그래서 거대한 불상이 많고, 지방마다 불상의 모습이 다릅니다. 그리고 많이 만들어지다 보니, 신라 때처럼 왕실의 최고 기술자가 정성을 다해 만든 불상에 비해 솜씨가 떨어질 수밖에 없었습니다.

3 서희, 말로 거란의 칼을 이기다

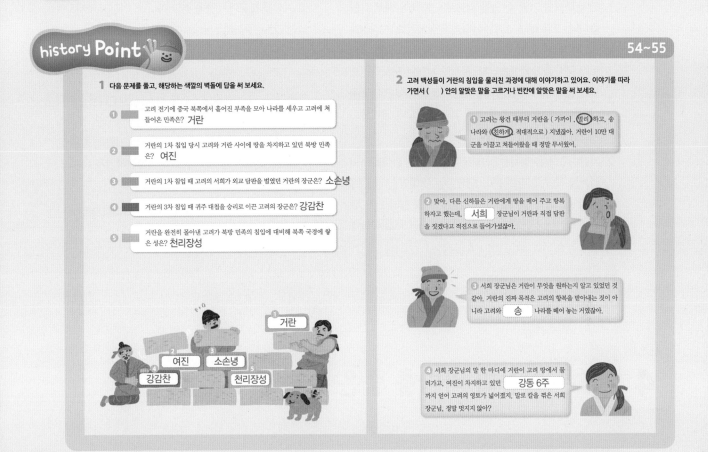

1 다음 문제를 풀고, 해당하는 색깔의 벽돌에 답을 써 보세요.

① 고려 전기에 중국 북쪽에서 흩어진 부족을 모아 나라를 세우고 고려에 쳐들어온 민족은? **거란**

② 거란의 1차 침입 당시 고려와 거란 사이에 땅을 차지하고 있던 북방 민족은? **여진**

③ 거란의 1차 침입 때 고려의 서희가 외교 담판을 벌였던 거란의 장군은? **소손녕**

④ 거란의 3차 침입 때 귀주 대첩을 승리로 이끈 고려의 장군은? **강감찬**

⑤ 거란을 완전히 몰아낸 고려가 북방 민족의 침입에 대비해 북쪽 국경에 쌓은 성은? **천리장성**

2 고려 백성들이 거란의 침입을 물리친 과정에 대해 이야기하고 있어요. 이야기를 따라가면서 ( ) 안의 알맞은 말을 고르거나 빈칸에 알맞은 말을 써 보세요.

① 고려는 왕건 때부터 거란을 (가까이, **멀리**)하고, 송나라와는 (**친하게**, 적대적으로) 지냈잖아. 거란이 10만 대군을 이끌고 쳐들어왔을 때 정말 무서웠어.

② 맞아. 다른 신하들은 거란에게 땅을 떼어 주고 항복하자고 했는데, **서희** 장군님이 거란과 직접 담판을 짓겠다고 적진으로 들어가셨잖아.

③ 서희 장군님은 거란이 무엇을 원하는지 알고 있었던 것 같아. 거란의 진짜 목적은 고려의 항복을 받아내는 것이 아니라 고려와 **송** 나라를 떼어 놓는 거였잖아.

④ 서희 장군님의 말 한 마디에 거란이 고려 땅에서 물러가고, 여진이 차지하고 있던 **강동 6주**까지 얻어 고려의 영토가 넓어졌어. 말로 칼을 꺾은 서희 장군님, 정말 멋지지 않아?

1 (예) 절대 안 됩니다. 적의 약점을 알면 군사력이 약해도 이길 수 있습니다. 제가 거란의 장수 소손녕을 만나 담판을 짓고 오겠습니다.

2 (예) 고려가 송나라와의 관계를 끊고 거란과 친하게 지내는 것이구나! 회담만 잘하면 거란을 물러가게 하고, 여진이 차지하고 있는 땅까지 얻을 수 있겠는 걸!

3 (예) 강동 6주는 군사적으로 중요할 뿐만 아니라, 거란과 여진, 송나라와 무역할 수 있는 상업의 중심지이기 때문이에요.

4 (예) 서희님의 지혜와 용감한 행동이 고려를 위기에서 구했어요. 거란이 고려에 쳐들어왔을 때, 많은 신하들은 겁에 질려 거란에게 항복하자고 했지만, 서희님은 거란이 고려에 쳐들어온 진짜 까닭을 알아채고 용감하게 거란 진영으로 들어가 칼이 아닌 말로 거란을 물러가게 했습니다. 또한 강동 6주를 얻음으로써 고려의 땅을 넓혔습니다. 서희님 덕분에 고려에서 거란을 물러가게 했을 뿐만 아니라 더욱 발전하게 되었어요. 고려를 위기에서 구해 주셔서 정말 감사합니다.

1 거란이 고려를 침략했을 당시 거란은 발해를 멸망시키고 송나라와 겨룰 수 있을 정도로 군사력이 매우 강했습니다. 그에 비해 고려는 나라를 안정시키고, 백성들을 편안하게 살 수 있게 하는 데 힘을 기울이고 있어 거란보다 군사력이 약했습니다. 하지만 서희는 군사력만으로 전쟁의 승패가 결정되지 않는다고 믿었습니다. 국제 상황을 정확히 파악하고 있던 서희는 외교적 담판으로 거란을 물러가게 할 수 있다고 생각했습니다.

2 거란이 고려를 침략한 실제 목적은 고려가 송나라와의 관계를 끊고, 거란의 편이 되어 주는 것이었습니다. 거란이 송나라를 공격할 때 고려가 거란의 편이 되어 주기를 바랐던 것이지요. 그 속셈을 알아차린 서희는 외교 담판으로 고려가 거란과 친하게 지내겠다는 약속을 하고 거란을 물러가게 했을 뿐만 아니라, 여진이 차지하고 있던 강동 6주까지 얻었습니다.

3 여진이 차지하고 있었던 강동 6주는 거란과 여진, 송나라와도 위치상 가까운 곳에 있어 군사와 교통의 요충지였습니다. 고려는 강동 6주를 차지하면서 압록강까지 영토를 넓혔고, 거란과 여진, 송나라와 교역을 편하게 할 수 있었습니다. 이를 나중에 알아챈 거란의 왕은 고려에게 강동 6주를 빼앗긴 것을 억울해하면서 다시 고려를 침략했습니다.

4 거란이 고려에 쳐들어왔을 때 서희는 외교력으로 거란을 물리쳤습니다.

4 푸른 하늘과 바다를 품은 고려청자

history Point

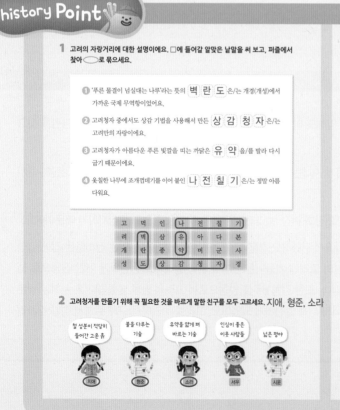

1 **❶** 송, 거란, 여진, 일본, 아라비아 등

　　❷ 코리아

　　❸ 예 고려는 세계 여러 나라 사람들이 오가는 개방적이고 다양성이 넘치는 나라였던 것 같다. / 고려는 활발하게 세계로 뻗어나가는 멋진 나라였던 것 같다.

2 **❶** 예 토기는 진흙으로 빚어 유약을 바르지 않고 낮은 온도에서 구운 그릇이고, 고려청자는 유약을 바르고 높은 온도에서 구운 그릇이다. / 토기는 대부분 문양이 없고 모양이 단순하며 서민들이 주로 사용했고, 고려청자는 색이 아름답고, 표면이 매끄럽고, 모양이 아름다우며, 귀족들이 주로 사용했다.

　　❷ 예 신비로운 푸른 빛깔과 은은한 아름다움을 갖고 있다.

3 **❶** 베개 **❷** 연적 **❸** 주전자 **❹** 변기

4 예 **❶** 청자 **❷** 상감 **❸** 운학무늬 **❹** 매병 **❺** 청자 상감 운학무늬 매병

5 해설 참고 예 고려 인삼, 몸에 좋고 맛도 쓴 고려 인삼! / 고려의 먹, 글씨 쓰는 데 최고!

해설

1 고려는 벽란도를 통해 세계 여러 나라와 교류했습니다. 송나라, 일본, 여진, 거란, 아라비아 상인들이 벽란도로 들어와 물건을 사고팔았습니다. 벽란도에 드나드는 아라비아 상인들을 통해 고려가 '코리아'라는 이름으로 전 세계에 알려졌습니다. 고려는 세계 여러 나라와 교류하면서 발전한, 개방적이고 다양성을 갖춘 나라였습니다.

2 토기와 고려청자의 가장 큰 차이는 유약의 사용 여부입니다. 토기는 유약을 바르지 않고 구운 그릇이고 고려청자는 유약을 발라 높은 온도에서 구운 그릇입니다. 고려청자는 하늘과 바다를 닮은 신비한 푸른 빛깔을 띠고 있습니다. 상감 기법으로 화려하고 아름다운 문양을 만들어 냈고, 유약을 사용해 광택이 나는 도자기입니다. 만들기가 까다로워 귀족들이 주로 많이 사용했습니다.

3 고려 귀족들은 일상생활 속에서 고려청자를 많이 사용했는데, 베개, 책상, 바둑판, 붓통, 주전자 등은 물론 변기까지 청자를 사용했습니다. 집을 지을 때 청자 기와로 지붕을 덮기도 했습니다. 청자 모양과 귀족들의 생활을 짐작해 보면, 이 그릇의 용도를 알 수 있습니다.

4 고려청자는 만든 기법과 모양, 쓰임에 따라 이름을 지었습니다. 구름과 학이 그려진 청자는 '운학무늬'로, 표주박 모양 주전자는 '표주박 무늬'라는 이름을 붙였습니다. 또한 쓰임에 따라 향로, 찻잔, 주전자, 매병 등의 이름이 붙었습니다.

5 고려의 먹과 종이, 인삼, 나전 칠기 등은 고려청자와 함께 고려의 명품으로 인기를 끌었습니다. 고려 종이는 질기면서도 매끈했고, 고려 먹은 빛깔이 아름답고 잘 스며들었으며 변하지 않았습니다. 고려 인삼은 건강에 매우 좋았고, 고려 나전 칠기는 아름답고 화려한 문양을 가져 인기가 높았습니다. 각각의 특징을 잘 살려 광고 문구를 만들어 봅니다.

예 몸에 좋고 맛도 쓴! 고려!인삼!!!
구입하실 분
단돈50원. xx月 xx月 벽란도앞 미시 에 안녕시다

무신들이 세상이 오다

1 고려는 문신과 무신을 어떻게 대했을까요? 다음은 무신정변이 있기 전 고려 관리들의 지위를 나타낸 것이에요. 보기 에서 알맞은 신분을 찾아 써 보세요.

보기   무신   문신   하급 군인

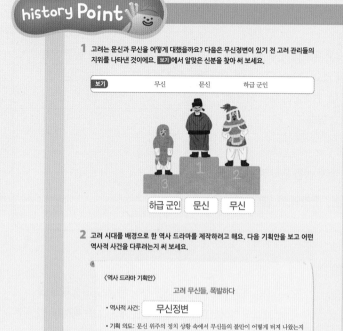

하급 군인   문신   무신

2 고려 시대를 배경으로 한 역사 드라마를 제작하려고 해요. 다음 기획안을 보고 어떤 역사적 사건을 다루려는지 써 보세요.

〈역사 드라마 기획안〉

고려 무신들, 폭발하다

• 역사적 사건: 무신정변

• 기획 의도: 문신 위주의 정치 상황 속에서 무신들의 불만이 어떻게 터져 나왔는지 살펴보고, 그 속에서 역사적 교훈을 얻고자 함.

• 구성
 – 1부: 고려 무신들의 처지
 – 2부: 보현원 가는 길에 열린 수박희 경기

2 고려 무신들이 정변을 일으켜 정권을 잡았어요. 무신정변 과정을 생각하며, 답이 ○인 것을 따라 길을 찾아 가 보세요.

1 ❶ 예 나이도 어리고 관직도 낮은 데 어찌 이리 무례하단 말인가! 무신을 무시해서 그런 것이니 혼내 주어야겠다.
 ❷ 예 무신이 너무 멋진 수염을 갖고 있는 게 마음에 안 들어! 장난 좀 쳐볼까?

2 예 관직도 낮고 나이도 어린 문신이 나이 많은 장군의 뺨을 때려? 문신들, 용서하지 않겠어!

3 ❶ 예 나라의 모든 일은 무신들 마음대로 할 테니 나는 무신들이 하라는 대로 해야 한다. / 무신들이 시키는 대로 하지 않으면 왕의 자리에서 쫓겨나거나 죽임을 당할지도 모르니 어쩔 수가 없구나.
 ❷ 예 무신들이 정권을 잡고 마음대로 권력을 휘둘러 나라가 엉망인데도 힘이 없으니 답답한 노릇이다.

4 예 무신들이 정권을 잡으면 백성들의 편에 설 줄 알았는데, 우리의 기대를 저버렸어요. / 정권을 잡은 무신들은 문신들보다 더 지독하게 백성들을 수탈하고, 백성들의 재산을 빼앗기도 했어요. 나라를 안정시키는 데는 관심도 없으니 정말 너무 크게 실망했어요.

1 고려 전기에는 문신과 무신의 차별이 심했습니다. 무신들은 정3품까지만 오를 수 있어서 아무리 능력이 있어도 군대 최고 지휘관이 될 수 없었습니다. 왕이 행차해 문신들과 놀 때 그들을 호위하느라 제대로 먹지도, 자지도 못했습니다. 문신들은 때때로 무신들을 조롱하기도 해 무신들의 분노가 쌓여 갔습니다.

2 고려 의종은 문신들과 어울려 연회나 즐기면서 무신들에게 그들을 호위하게 했습니다. 왕과 문신들이 배불리 먹고 노는 동안, 무신들은 그들을 지키느라 굶주림과 피로로 지쳐갔습니다. 보현원 행차길에 열린 수박희 경기에서 젊은 문신 한뢰가 나이가 많은 무신 이소응의 뺨을 때리자, 무신들의 분노가 극에 달해 반란을 일으키기로 결심했습니다.

3 무신 정권은 왕을 위협해 나랏일을 마음대로 했고, 왕이 마음에 들지 않으면 귀양 보내거나 죽이고 새 왕을 세우는 일도 서슴지 않았습니다.

4 고려의 백성들은 문신(문벌 귀족)들의 수탈에 고통을 당했고, 무신들도 문신들에게 차별을 받았습니다. 그래서 백성들은 무신들이 정권을 잡으면 백성 편에 서서 새 세상을 열 거라 생각하면서 무신정변을 지지했습니다. 하지만 무신들은 사회를 바로 잡으려는 의지가 없었습니다. 권력을 잡기 위해 자기들끼리 죽고 죽이는 다툼을 벌이고, 더 큰 권력과 재산을 차지하기 위해 백성들로부터 더 많은 수탈을 했습니다.

6 고려, 몽골의 자존심을 꺾다

history Point

1 다음은 몽골의 고려 침입에 관한 내용이에요. 빈칸에 알맞은 말을 써 보세요.

❶ 몽골의 [사신] 이/가 고려에 왔다가 돌아가는 길에 살해 당하자, 몽골은 이를 구실로 삼아 고려에 쳐들어 왔어요.

❷ 몽골의 1차 침입 이후, 고려의 왕과 무신 정권은 도읍을 개경에서 [강화도] (으)로 옮겼어요.

❸ 몽골의 2차 침입 때 [처인성] 에서 승려 김윤후가 백성들을 이끌고 용감하게 싸웠어요.

❹ 고려와 몽골이 전쟁을 끝내는 조건으로 강화를 맺었지만, [삼별초] (이)라는 군대는 강화도에서 진도, 진도에서 제주로 옮겨 가며 몽골과 끝까지 싸웠어요.

2 다음은 몽골이 침입했을 때 큰 승리를 거둔 처인성 전투와 충주성 전투에 대한 설명이에요. 빈칸에 알맞은 말을 써 보세요.

처인성 전투

처인성 백성들은 [김윤후] 의 지휘 아래 용감하게 싸웠어요. 몽골군을 향해 수없이 많은 화살을 날렸는데, 그 중 하나가 몽골군 총사령관 [살리타] 을/를 명중시켰어요. 전쟁마다 승리를 이끌던 몽골군은 총사령관을 잃고 당황해서 서둘러 고려 땅에서 철수했어요.

충주성 전투

처인성 전투에서 승리를 이끌었던 김윤후는 충주성에서도 대단한 리더십을 발휘했어요. 김윤후는 성에 갇혀 지쳐가던 백성들을 모아 놓고 이렇게 말했어요.
"누구든지 힘껏 맞서 싸운다면 벼슬을 내릴 것이다."
이 말을 하고는 [노비 문서] 을/를 불 태웠어요. 백성들은 죽을 힘을 다해 싸웠고, 몽골군은 조금씩 기세가 꺾여 고려가 승리를 거두었어요.

1 [예] 강화도는 개경에서 가깝고 섬이라 해전에 약한 몽골군의 공격을 막아 내기에 쉽다. 또 바다를 통해 지방에서 올라오는 세금을 걷기에도 편하기 때문이다.

2 [예] 내가 이 전쟁에서 싸워 이긴다면, 나는 물론이고 나의 자식들도 노비 신분에서 벗어날 수 있다. 인간 대접 못 받는 노비로 계속 사느니 목숨 걸고 싸워서 노비 신분에서 벗어나자! 그것만이 나와 가족들을 살리는 길이다.

3 [예] 지금 고려 백성들은 몽골군에게 수없이 죽임을 당하고 포로로 끌려가고 있습니다. 농사를 짓지 못해 굶어죽는 백성들도 많습니다. 그런데 고려 왕과 무신 정권을 강화도에서 연회나 즐긴다는 게 말이 됩니까? / 백성들은 스스로 가족을 지키기 위해 목숨 걸고 싸우고 있습니다. 이제 그만 강화도에서 나와 나라를 함께 지켜 냅시다.

4 ❶ [예] 몽골군에 짓밟혀 나라가 황폐해지고, 백성들의 피해가 너무 크다. 하루빨리 몽골과 강화를 맺고 개경으로 돌아가야 한다.

　 ❷ [예] 개경으로 돌아간다는 건 말이 안 된다. 우리가 누리는 이 권력을 포기할 수 없다. 안전한 강화도에서 몽골군이 지칠 때까지 버텨야 한다.

5 [예] 지금까지도 몽골에 맞섰는데 강화를 맺고 개경으로 돌아간다니요? 지금 강화를 맺는다면 분명 몽골이 고려의 정치에 일일이 간섭할 것이 분명합니다. 우리는 힘을 모아 몽골군에 끝까지 맞서 싸울 것입니다.

해설

1 몽골군은 말을 잘 타서 육지에서는 잘 싸웠지만, 해전에는 약했습니다. 강화도는 섬이라 적을 막기에 유리했고, 개경에서 가까운 데다 각 지방에서 배로 실려 올라오는 세금이 도착하기에 편리한 곳이었습니다. 그래서 최씨 무신 정권은 강화도를 임시 도읍으로 정했습니다.

2 김윤후는 백성들의 마음을 잘 헤아리고 있었습니다. 충주성에서는 노비 문서를 불태우고, 소와 말을 나누어 주면서 전쟁에서 이기면 신분을 가리지 않고 벼슬을 주겠다고 했습니다. 이 말을 들은 백성들은 죽을 각오를 하고 맹렬하게 싸워 이 전쟁을 승리로 이끌었습니다.

3 왕과 무신 정권이 강화도에서 호화로운 생활을 하며 편안히 지내고 있을 때 고려 땅은 몽골군에게 무참히 짓밟혔고, 백성들은 수없이 죽거나 다치고, 원나라로 끌려갔습니다. 나라의 군사가 있었지만, 강화도에서 왕과 귀족들을 경호하는 동안 고려의 백성들은 자신과 가족을 지키기 위해 스스로 싸워야 했습니다.

4 고려와 몽골 사이의 전쟁이 길어지면서 많은 사람이 목숨을 잃고 문화재가 파괴되는 등 피해가 컸습니다. 고려 조정에서는 몽골과 강화해야 한다는 의견이 힘을 얻었지만 무신들은 권력을 잃을까 봐 두려워 몽골과의 강화도, 개경으로 돌아가는 것도 반대했습니다.

5 삼별초는 고려 왕이 몽골과 손잡은 것에 크게 반발하며 강화도에서 진도, 제주로 근거지를 옮겨가며 4년간 몽골에 항쟁했습니다.

7 팔만대장경으로 나라를 지키다

history Point

1 다음 질문에 알맞은 답을 보기 에서 찾아 글자를 조합하여 써 보세요.

| 보기 | 직 | 팔 | 크 | 베 | 강 | 해 | 선 | 구 | 판 | 초 |
| --- | 만 | 르 | 병 | 인 | 대 | 경 | 장 | 사 | 전 | 조 |

❶ 고려 때 몽골의 침입으로 불타 없어진 대장경은?
(**초조대장경**)

❷ 몽골이 침입했을 때 부처의 도움으로 몽골을 물리치고자 만든 문화재는?
(**팔만대장경(판)**)

❸ 조선 초에 외적의 침입으로부터 대장경판을 보호하기 위해 옮긴 절은?
(**해인사**)

❹ 팔만대장경판을 보관하고 있는 건물은?
(**장경판전**)

2 친구들이 팔만대장경에 대해 이야기하고 있어요. 맞으면 ○표, 틀리면 ×표 해 보세요.

× — 팔만대장경은 고려에서 처음 만든 대장경이야.

○ — 팔만대장경은 8만 장이 넘는 목판으로 이루어져 있어서 '팔만대장경'이라고 부르는 거야.

× — 팔만대장경을 완성하기 전에 몽골군이 고려에서 물러갔어.

3 다음은 팔만대장경판을 만드는 과정이에요. 만드는 순서대로 번호를 쓰고, 빈칸에 알맞은 말을 써 보세요.

4 — 나무 판을 일정한 크기로 잘라 글자를 새긴다.

5 — 새긴 목판을 한 장씩 찍어 내 보고 틀린 글자를 골라낸다.

1 — 나무를 잘라 **바닷물** 에 2년간 담가 둔다.

2 — 나무를 알맞게 자른 뒤 **소금** 물에 삶는다.

3 — 나무판을 바람이 잘 드는 그늘에서 1년간 말린다.

6 — 대장경판의 귀퉁이를 구리판으로 마감하고 **옻칠** 을/를 해 보관한다.

Talk history

1 ❶ 예 갈라지지 않아요. ❷ 예 틀린 글자가 거의 없어요. ❸ 예 벌레 먹지 않아요.
❹ 예 온도와 습도가 일정하게 유지되어요. ❺ 예 습도를 조절하고, 해충의 피해를 막을 수 있어요.

2 ❶ 예 지금 몽골군이 쳐들어와서 고려 땅을 짓밟고, 사람들을 마구 죽이고 있기 때문이야. 고려를 살리기 위해서는 한 사람이라도 전쟁에 나가서 몽골군과 맞서 싸워야 해.
❷ 예 불교 국가인 고려는 부처의 보살핌으로 살아왔기 때문에 우리가 전쟁에서 이기려면 부처의 도움이 필요해. 팔만대장경을 정성껏 만들면서 백성의 마음을 하나로 모으면 전쟁에서 이길 수 있어.

3 ❶ 목판 ❷ 금속 ❸ 금속 ❹ 목판

4 세계 최고의 팔만대장경판

5 예 고려는 불교 국가예요. 고려 때는 왕실이나 귀족뿐만 아니라 일반 백성들도 널리 불교를 믿었어요. 고려에서 불교는 사람들의 일상생활에 폭넓게 영향을 미쳤어요.

1 팔만대장경판이 만들어진 지 800여 년이 지난 지금도 잘 보존되어 있는 것은 과학적인 방법으로 제작되고 보관되어 있기 때문입니다. 조상들의 지혜로 팔만대장경판은 갈라지거나 뒤틀리지도 않고, 벌레를 먹지도 않은 채 오랜 세월을 견뎌왔습니다.

2 몽골이 고려를 침입했을 때, 고려 조정은 부처의 도움으로 몽골군을 무찌르겠다면서 대장도감을 설치하고, 팔만대장경을 만들었습니다. 팔만대장경이 만들어지는 동안, 고려 땅은 무참히 짓밟혔고, 수많은 사람들이 죽거나 포로로 끌려갔습니다. 팔만대장경을 만드는 데 수많은 백성들이 동원되어 고생하기도 했습니다. 하지만 고려 백성들은 간절한 마음으로 정성을 다해 팔만대장경을 만들었습니다.

3 고려는 뛰어난 인쇄 기술을 가지고 있었습니다. 목판 인쇄술과 금속 활자 인쇄술을 모두 발전시켰습니다. 목판은 한 종류 책을 여러 번 찍을 때 효율적이고, 금속 활자는 여러 종류의 책을 조금씩 찍는 데 알맞습니다.

4 목판에 새긴 글자가 종이에 찍혔을 때 바르게 나오려면 좌우가 뒤집혀 있어야 합니다.

5 고려는 불교 국가였어요. 기쁜 일이 있을 때는 부처의 은혜에 감사하고, 힘든 일이 있을 때는 부처께 도움을 구했습니다. 몽골이 침입했을 때도 부처의 도움을 구하고 백성의 마음을 하나로 모으기 위해 팔만대장경을 만들었습니다. 불교는 고려 사람들의 일상생활에 폭넓게 영향을 미쳤습니다.

8 공민왕, 고려의 부활을 꿈꾸다

history Point

1 다음 문제의 빈칸에 들어갈 알맞은 낱말을 써 보고, 퍼즐판에서 찾아 ◯로 묶으세요.

충	렬	왕	원	나	라	몽	원
전	민	변	정	도	감	골	노
공	녀	쌍	성	총	관	부	국
민	권	문	세	족	제	화	대
왕	변	발	고	려	국	통	장
기	황	후	신	기	공	도	공
최	무	선	돈	철	주	감	주

❶ 고려 때 원나라 세력 등에 업고 성장한 지배 계층으로 권 문 세 족 이/가 있었다.

❷ 공민왕은 원나라의 공주인 노 국 대 장 공 주 과/와 결혼한 후 고려로 돌아와 왕이 되었다.

❸ 공민왕은 쌍 성 총 관 부 을/를 공격해서 원래 고려 땅이었던 철령 이북의 땅을 회복하였다.

❹ 신돈은 전 민 변 정 도 감 을/를 설치하여 백성들의 땅을 되찾아 주고, 억울하게 노비가 된 사람들을 풀어 주었다.

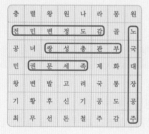

2 영화 감독이 공민왕의 이야기를 영화로 만들기 위해 중요한 사건을 정리해 놓았어요. 필름 속에 있는 주요 단서를 보면서 빈칸에 알맞은 말을 써 보세요.

忠
(충성할 충)

충 또는 忠

원나라는 고려 왕 이름에 [　　　]자를 붙여 원나라에 충성할 것을 강요했고, 마음에 들지 않으면 고려의 왕을 제멋대로 갈아치웠다. 고려의 왕자들은 원나라 공주와 결혼해야 왕이 될 수 있었다.

고려에 돌아온 공민왕은 왕이 되자마자 몽골식 옷을 벗고 몽골식 머리 모양인 변발 을/를 풀었다. 또 원나라에 빌붙어 권력을 키워 함부로 휘두르는 권문세족 을/를 내쫓고, 원나라의 간섭에서 벗어나기 위한 개혁을 시작했다.

공민왕은 쌍성총관부 을/를 공격해서 원나라가 차지하고 있던 고려의 영토를 되찾았다. 세금도 줄여서 백성들의 고통도 줄여 주었다.

공민왕은 승려 신돈을 등용해 개혁 정치의 칼자루를 쥐어 주었다. 신돈은 전민변정도감 을/를 설치해 백성들이 권문세족에게 빼앗긴 토지와 억울하게 노비가 된 사람들을 조사해 바로잡았다.

1 예 지금 원나라는 기울어 가고 있어. 지금이 고려가 원나라의 간섭에서 벗어날 수 있는 절호의 기회야. 나는 절대로 이름에 '충(忠)'자를 달지 않겠어. / 고려로 돌아가면 원나라에 대항하는 정책을 펼쳐서 고려의 독립을 되찾고, 원나라에 아부하는 권문세족들을 혼내 줄 거야.

2 몽골식 옷차림과 머리 모양을 금지하는 것이다. 왜냐하면 옷차림, 머리 모양은 정신을 표현하기 때문이다. / 권문세족을 내쫓는 것이다. 왜냐하면 고려 발전에 가장 큰 걸림돌이기 때문이다. / 쌍성총관부를 폐지해 철령 북쪽의 땅을 되찾는 것이다. 왜냐하면 영토를 회복해야 원나라의 간섭을 본격적으로 물리칠 수 있기 때문이다.

3 예 우리 권문세족들을 권력에서 밀어내고, 원나라의 비위를 거스르다니 큰일 날 일을 하고 있어. 이대로 가만히 당할 수는 없어.

4 ① 고려양 ② 몽골풍 ③ 몽골풍

5 예 공로 / 문익점 / 백성들이 겨울에도 무명옷을 입어 따뜻하게 보낼 수 있게 해 주었으므로 / 김소라

6 신돈은 원나라와 권문세족의 눈치를 보지 않고 백성들의 고통을 잘 알고 있기 때문이야.

7 공민왕은 원나라 편에 서서 고려의 정치를 어지럽게 만드는 권문세족을 완전히 내쫓고, 백성들을 위한 정치를 펼쳐서 고려 백성들이 행복하게 살 수 있었을 것이다. 그랬다면 고려가 천 년이 넘게 유지되었을 것이다.

해설

1 고려의 왕자들은 어릴 때부터 원나라에서 살아야 했습니다. 원나라의 풍습과 문화에 익숙하게 만들어 원나라에 충성하도록 만들려는 것이었습니다. 또 고려의 왕자들은 원나라 공주와 결혼을 해야 고려의 왕이 될 수 있었습니다. 공민왕은 왕이 되면서 원나라의 간섭에서 벗어나기로 결심했습니다.

2 공민왕은 고려의 왕이 되자마자 몽골식 옷을 벗고, 변발을 풀어 버렸습니다. 원나라의 간섭에서 벗어나 백성을 위한 정치를 펼치겠다는 뜻이었습니다. 공민왕은 노국 대장 공주의 협조와 응원을 받으며 개혁을 이루어 나갔습니다. 원나라에 협조하는 권문세족을 내쫓고, 원래 고려 땅이었던 철령 이북의 땅을 되찾고, 공녀를 보내는 일도 중단시켰습니다. 백성들은 공민왕의 개혁을 환영했습니다.

3 원나라에 아부하는 세력이 되어 권력을 누렸던 권문세족은 공민왕의 개혁 정책에 크게 반발했습니다.

4 고려와 몽골이 오랜 전쟁을 벌이는 동안 두 나라는 서로 영향을 주고받았습니다. 고려에서는 변발과 몽골식 옷, 족두리와 연지곤지가 유행하였고, 설렁탕과 만두도 이때 들어왔습니다. 몽골에는 고려의 상추와 유밀과, 비파, 위아래가 나뉜 옷이 전해졌습니다.

5 문익점은 원나라에서 목화씨를 가져와 백성들이 따뜻하게 겨울을 날 수 있게 의생활을 변화시켰습니다.

6 공민왕은 권문세족의 눈치를 보지 않고 개혁을 추진할 수 있는 신돈을 등용했습니다. 신돈은 고려 백성들을 가장 많이 괴롭히는 문제부터 해결했습니다. 권문세족이 빼앗은 땅을 백성들에게 돌려주었고, 억울하게 노비가 된 사람들을 해방시켜 주었습니다.

7 공민왕과 신돈이 죽지 않고 개혁을 완성시켰다면 고려는 몰락의 길을 걷지 않고, 발전할 수도 있었을 것입니다.

76~77

예 학생 작품, 아래 예시처럼 자유롭게 색칠해 보세요.

142~143

MEMO

MEMO

기적의 학습서

오늘도 한 뼘 자랐습니다